ママがんばらない離乳食

手間をかけずに愛情たっぷり

管理栄養士　森崎友紀

トランスワールドジャパン株式会社

はじめに

人生の一大事、出産を経験してあっと言う間に1年半が過ぎました。娘はすくすくと育ち、だんだん表情も豊かに、そして離乳食も完了期を迎え、少しずつ大人の食事に近づいてきました。それにしたがって、体重も軽く10kgを超え、私は腰痛と肩こりに悩まされる毎日です。それでも、娘の笑顔は最高。娘に癒されながら、育児を楽しんでいます。

さて、総合病院で管理栄養士として働いていたとき、毎日離乳食を作っていました。「いつか自分の子に……」と思っていましたが、ついにそのときがやってきました。

一方で、離乳食を作ったことがないママさんがいきなり「離乳食を作りましょう」と言われても、とても困るのではないか、悩むのではないかと思っていたのも事実です。

その予想は、区民を対象にした離乳食講座に申し込んだとき、的中しました。この講座への参加者が殺到し、予約はすぐにいっぱいになり、私を含むほとんどの新米ママが受講できなかったのです。

ママ友のなかには、離乳食が面倒でレトルトを購入する人や、定期便購入で出費が痛いと嘆いている人もいます。また、ブログやメールで、離乳食の悩み相談を受けることも多くなりました。

それなら！ と思い立ったのがこの本です。世の中の忙しいママのために、ちょっとの工夫でとても簡単にできる離乳食。ママがそんなにがんばらなくても、栄養も愛情もたっぷりと赤ちゃんに注ぐことができるなんて、こんなに素敵なことはありませんよね！

ぜひこの本を活用して、楽しいママライフを過ごしていただけたら、私もとても嬉しいです！！

管理栄養士・森崎友紀

離乳食の役割

赤ちゃんが母乳やミルクを卒業し、食事だけで栄養を摂るようになるまでの移行期間に食べるのが離乳食です。「食べる練習」はもちろんのこと、この期間に赤ちゃんはさまざまな力をはぐくみます。

❶「食べたい」気持ちを育てる
❷ 食生活の基盤を作る
❸ 味覚を育てる
❹ 消化機能を発達させる
❺ 噛む力を育て、大脳の発達を促す

ママががんばらない離乳食作り

はじめての育児はわからないことがたくさん。それに加えて離乳食も始まると、ますます悩みが増えるばかり……。管理栄養士である私が言うと説得力に欠けるかもしれませんが、赤ちゃんが順調に成長し、発達していれば、毎日の離乳食の与え方に多少バラツキがあっても大丈夫なのです。それよりも、ママがにこにこ笑顔で、赤ちゃんとふれあいながら食事を楽しむことの方がずっと大切！ そのために、がんばらない離乳食作りのコツをまとめます。

ママたちの3大お悩み

私が離乳食レシピをブログで書き始めてから、寄せられたお悩みです。

食べてくれない　　手が回らない　　栄養足りてる？

"食べないもの"と割り切る

「がんばって作ったのに、何で食べてくれないの？」とイライラ。私もたくさんありました。まだまだ食生活の基盤を作り始めたばかり。赤ちゃんは母乳やミルク以外のものをはじめて口にしますから「食べなくても大丈夫♥」とママは心穏やかに、いい意味で割り切ることも大切です。

"完食"ではなく"感触"を褒める

「この時期はこれだけ完食しないといけない」など強制的に捉える必要はありません。ママが焦って、不機嫌な顔をしていたら食べるのが嫌いな子になってしまいます。赤ちゃんのペースに合わせて「今日はこんな顔をして食べたね」と量ではなく食べた感触を褒めてあげてください。

まとめて冷凍保存しておく

まとめ買いした食材を冷凍保存しておけば、食べる時にはレンチンするだけで調理時間がうんと短縮されます。しかも、冷凍しても栄養価と味はそのまま。泣いている赤ちゃんを待たせたまま放っておくストレスも軽減されます。

ひと目でわかる目安量を参考にする

月齢ステージ別で「離乳食1食分の目安量（P.10）」と「ひと目でわかる食べていいもの・避けたいもの　食材まるわかり表（P.12）」を作成しました。食べる量や進み具合は赤ちゃんそれぞれのペースがありますが、栄養バランスや分量の目安にしてください。

CONTENTS

- 02 はじめに
- 03 ママががんばらない離乳食作り
- 06 表記について

PART 1　離乳食のきほん
- 08 離乳食の4つのステージ
- 09 赤ちゃんの栄養バランス
- 10 月齢ステージ別　離乳食1食分の目安量
- 12 月齢ステージ別　食べていいもの・避けたいもの　食材まるわかり表
- 14 きほんのおかゆ・軟飯の作り方
- 16 きほんのだしの作り方
- 18 きほんのソースの作り方

PART 2　手間をかけずにできる！冷凍保存テクニック
- 20 冷凍・解凍　きほんのルール
- 21 冷凍保存に便利な小分けアイテム
- 22 食材別　下ごしらえ・冷凍保存テク
- 22 ｜主食　炭水化物
- 25 ｜主菜　たんぱく質
- 28 ｜副菜　ビタミン・ミネラル

PART 3　月齢ステージ別　離乳食レシピ集
- 32 ゴックン期（5～6カ月ごろ）の進め方
- 34 はじめてのおかゆ／にんじんトロトロ
- 35 にんじんおかゆ／トロトロ豆腐
- 36 きなこおかゆ／かぼちゃのトロトロ
- 37 しらす丼／トマトのトロトロ
- 38 イタリアンパンがゆ
- 39 りんごのポテトサラダ／キャベツのポタージュ
- 40 りんごのポタージュ／さつまいもとほうれん草のきんとん

ゴックン期

- 42 モグモグ期（7～8カ月ごろ）の進め方
- 44 青のり飯／にんじんのカッテージチーズ和え

モグモグ期

45	トマトリゾット／ほうれん草のチーズ煮
46	煮込みうどん／りんごコンポートのせヨーグルト
47	ねばねば丼／キャベツとしらすのうま煮
49	鮭のおじや／にんじんとほうれん草のとろみスープ／里いものおやき
50	万能ベジタブルスープ
52	カミカミ期（9〜11カ月ごろ）の進め方
54	5倍がゆ／かぼちゃと玉ねぎのそぼろあん
55	ささみのあんかけうどん
56	かぼちゃのパンプティング
57	いもがゆ／小松菜の白和え
58	ドリア／かぼちゃの茶巾絞り
59	海苔サンド／肉じゃが
60	トマトソースパスタ／ブロッコリーのチーズ和え
61	フレンチトースト／ベジコンソメスープ
62	もっちり豆腐パンケーキ／りんごのホットケーキ
63	フルーツベジパンケーキ／ベジタブルマフィン
64	パクパク期（12〜18カ月ごろ）の進め方
66	そうめんチャンプルー／わかめとオクラのみそ汁
67	トマトソースピザ／かぼちゃのポタージュ
68	タコライス
69	焼きうどん／スイートポテト
70	お好み焼き／フルーツサラダ
71	鮭ごはんおにぎり／こどもビシソワーズ
72	ツナ巻きずし／ほうれん草とにんじんのごま和え
78	食材&ステージ別　INDEX

COLUMN

41	①ハーフバースデーどうする？
51	②可愛く楽しく！ ハロウィンパーティー
73	③あっという間に！ 1歳おめでとう
74	離乳食のギモン　ママたちのお悩みQ＆A
76	森崎友紀の離乳食DIARY

表記について

離乳食のステージについて
離乳食の進め方は**4段階**に分けています。

ゴックン期	5〜6カ月ごろ
モグモグ期	7〜8カ月ごろ
カミカミ期	9〜11カ月ごろ
パクパク期	12〜18カ月ごろ

栄養素について
食材は次の栄養グループで分けています。

- 炭水化物
- たんぱく質
- ビタミン・ミネラル

分量等について
- 材料は特に表記のない場合はすべて1食分です。
- 表示している1カップは200ml、計量スプーンの小さじ1は5ml、大さじ1は15mlです。「少々」は親指と人さし指でつまむ程度、およそ小さじ1/8です。
- 米1合は180mlの計量カップを使用しています。
- 材料はすべて冷凍前の重さです。
- オーブントースターは1200Wで使用した場合の目安です。機種により加熱具合が異なります。
- 砂糖は上白糖、塩は精製塩、小麦粉は薄力粉です。しょうゆ、みその種類は好みでかまいませんが、商品によって塩分が異なるので、量は調整してください。

※本書は「授乳・離乳の支援ガイド(厚生労働省)」を参考にしています。赤ちゃんの成長や発育には個人差があります。本書にある情報だけでなく、その日の体調などに合わせて離乳食を進めていくようにしてください。

「PART3」(P.31〜)のレシピについて

❶冷凍保存した食材の組み合わせを表記しています。食材別の下ごしらえと冷凍保存方法は、P.22〜30を、だしとソースの作り方はP.16〜18を参照してください。

❷材料は、特に表記がなければ、冷凍保存した食材です。追加で冷凍していない食材や調味料が必要な場合には、●をつけています。

❸電子レンジ(本書では「レンジ」と表記)の加熱時間は600Wで使用した場合の目安です。500Wの場合は、約1.2倍にしてください。機種によって加熱具合が異なる場合があります。

PART
1

離乳食のきほん

赤ちゃんの月齢や発達に合わせた進め方、栄養バランスなど離乳食のきほんをわかりやすく解説します。また、離乳食にはかかせない「おかゆ」「だし」「ソース」の簡単な作り方もまとめました。

ママの疑問・お悩み
☐ 栄養バランスはどう考えればいい？
☐ 1食分の目安量はどれくらい？
☐ 食べていいもの、避けたいものは？
☐ おかゆ・だし・ソースの作り方は？

離乳食の4つのステージ

離乳食は生後5～6カ月ごろからスタートします。そして約1年かけて「ゴックン期」「モグモグ期」「カミカミ期」「パクパク期」の4段階に進んでいきます。ただし、これはあくまでも目安なので、赤ちゃんのペースに合わせてゆったり進めていきましょう。

STAGE 1　5～6カ月　ゴックン期

なめらかにすりつぶしたペースト状から

口に食べ物を取り込んだら唇を閉じてゴックンと飲み込む時期です。食べさせるものは、やわらかくゆでた食材をすりつぶす、裏ごしする、ミキサーで撹拌するなどして、ヨーグルトのようなペースト状にします。

かたさ：なめらか
大きさ：ペースト状

STAGE 2　7～8カ月　モグモグ期

舌でつぶせる絹ごし豆腐くらいのやわらかさ

この時期になると、舌を上下に動かし、食べ物を舌と上あごでつぶし、だ液と混ぜて飲み込めるようになります。野菜は軽く指でつぶせるようなやわらかさまでゆで、3～4mmの粗みじん切りにします。

かたさ：舌でつぶせる
大きさ：粗みじん切り

STAGE 3　9～11カ月　カミカミ期

完熟バナナのかたさを目安に

この時期になると、舌を左右に動かして、歯ぐきで食材をつぶす動きを覚えます。かたさは完熟バナナを目安にし、多少かみごたえが残るよう5mm程度の角切りにします。

かたさ：歯ぐきでつぶせる
大きさ：約5mmの角切り

STAGE 4　12～18カ月　パクパク期

かたさは肉団子やゆでたまごの白身くらい

離乳食の最終段階では、舌を上下左右に動かして歯ぐきで噛めるようになります。食材は厚さ1cmを目安のスティック状に。かたさは肉団子やゆでたまごの白身くらいにして、噛む練習をさせましょう。

かたさ：歯ぐきで噛める
大きさ：厚さ約1cmの半月切りや拍子木切り

赤ちゃんの栄養バランス

最初のステージ、ゴックン期（5〜6カ月）の離乳食は、栄養のことよりも"食べることに慣れる"のを目標にしましょう。栄養を考えるのは次のモグモグ期（7〜8カ月）から。少しずつ栄養バランスを心がけた献立にしていきます。

栄養バランス3つのグループ

食材を3つのグループに分けて考えましょう。エネルギー源となる主食、主菜となるたんぱく源、そして副菜となるビタミン・ミネラル源。それぞれのグループから食材を1つずつピックアップして組み合わせます。

 主食

 主菜

 副菜

炭水化物

米、パン、めん類、いも類など

糖質がたくさん含まれていて、体や脳を動かすためのエネルギーになります。

たんぱく質

魚、肉、たまご、乳製品、豆腐、納豆など

筋肉や血液、臓器を作る大事な栄養素です。

ビタミン・ミネラル

野菜や果物、海藻類など

皮膚や粘膜を守り、体の調子を整え、免疫力を強化させます。

\ POINT /

栄養バランスは、1週間単位で整えよう

「毎食、栄養バランスの整った献立にしないといけない！」なんてことはありません。神経質になりすぎたママのイライラが赤ちゃんに伝わると、食べるのが嫌いになってしまいますよ。栄養バランスは1週間単位で整えれば大丈夫。本書で紹介する下ごしらえやレンチンを活用して、穏やかな気持ちで調理しましょう。

ささみの
あんかけうどん
（→P.55
カミカミ期）

タコライス
（→P.68
パクパク期）

月齢ステージ別

1回分で何をどれだけ食べさせるの？
離乳食1食分の目安量

		炭水化物 1種類を選んだ場合			ビタミン・ミネラル	
		ごはん	食パン ※8枚切りを1cm幅に切ったものが8g程度	麺類 (例：うどん)	野菜 (例：かぼちゃ)	
5〜6カ月 ゴックン期	前半	10倍がゆ 小さじ1〜 (5g)	×	×	小さじ1〜 (5g)	
	後半	10倍がゆ 適量 (40g程度)			適量 (10g程度)	
7〜8カ月 モグモグ期	前半	7倍がゆ 50g〜	耳を取って 15g〜	35g〜	15g〜	
	後半	7倍がゆ 80g	20g	55g	20g	
9〜11カ月 カミカミ期	前半	5倍がゆ 90g	耳を取って 25g〜	60g〜	20g〜	
	後半	軟飯 80g	35g	90g	30g	
12〜18カ月 パクパク期	前半	軟飯 90g	耳を取って 40〜50g	105g〜	30g〜	
	後半	ご飯 80g	耳ごと1枚	130g	40g	

月齢ごとに1回の離乳食の分量を早見表にしました。
食べる量や離乳食の進み具合は、赤ちゃんそれぞれのペースがあるので、
冷凍ストックする分量の目安にしてください。
P.43、52、65に食材の実物大写真を掲載したので、そちらも参考にしてください。

野菜+果物で摂る場合	果物（例:りんご）	たんぱく質 1種類を選んだ場合				
		豆腐	魚	肉（例:鶏ささみ）	肉（例:ひき肉）	牛乳
	小さじ1（5g）	小さじ1〜（5g）／適量（25g程度）	小さじ1〜（5g） ／適量（10g程度）	×	×	×
	5g〜	30g〜	10g〜	10g〜	10g〜	50ml〜
	10g	40g	15g	15g	15g	70ml
	10g	45g	15g	15g	15g	80ml
	10g	50g〜／55g	15g〜／20g	15g〜／20g	15g〜／20g	100ml

ひと目でわかる 食べていいもの・

月齢ステージ別

食材によって食べ始めの時期は異なります。月齢ステージごとに確認しながら食材を選びましょう。

		ゴックン	モグモグ	カミカミ	パクパク
炭水化物					
米・パン類	ごはん	○	○	○	○
	食パン	△	○	○	○
	バターロール	△	○	○	○
	もち	×	×	×	×
	ホットケーキミックス	×	×	△	○
麺類	うどん	△	○	○	○
	乾麺（そうめん・冷麦）	×	○	○	○
	スパゲティ・マカロニ	×	×	○	○
	そば※	×	×	×	×
その他	じゃがいも・さつまいも	○	○	○	○
	里いも・山いも※	×	○	○	○
	コーンフレーク	×	○	○	○
たんぱく質					
大豆製品	豆腐	○	○	○	○
	豆乳	○	○	○	○
	きな粉	○	○	○	○
	高野豆腐	△	○	○	○
	納豆	×	○	○	○
	厚揚げ・油揚げ	×	×	△	△
たまご	卵黄	○	○	○	○
	卵白（全卵）※	×	○	○	○
	温泉卵・半熟卵	×	×	×	×
乳製品	プレーンヨーグルト	×	○	○	○
	生クリーム（乳脂肪100%）	×	△	○	○
	牛乳※	×	○	○	○
	カッテージチーズ	×	○	○	○
	プロセスチーズ	×	×	○	○

		ゴックン	モグモグ	カミカミ	パクパク
魚	真鯛	○	○	○	○
	ひらめ・かれい	○	○	○	○
	鮭（生鮭）※	×	○	○	○
	まぐろ・かつお	×	○	○	○
	あじ・いわし・さんま	×	○	○	○
	ぶり	×	×	○	○
	さば※	×	×	△	○
	刺し身（生食）	×	×	×	×
その他魚介類	ほたて	×	×	○	○
	かき	×	△	○	○
	あさり	×	×	○	○
	いか・たこ	×	×	×	△
	えび・かに※	×	○	○	○
魚介加工品	しらす	○	○	○	○
	かつおぶし	△	○	○	○
	ツナ缶	×	○	○	○
	ちくわ・はんぺん	×	×	△	○
	魚肉ソーセージ	×	×	×	△
	かまぼこ	×	×	×	×
肉	鶏ささみ※	×	○	○	○
	鶏むね・もも・ひき肉※	×	△	○	○
	牛赤身・ひき肉※	×	×	○	○
	豚赤身・ひき肉※	×	×	○	○
	牛豚あいびき肉	×	×	△	○
	レバー	×	○	○	○
肉加工品	ハム	×	×	×	△
	ソーセージ	×	×	×	△
	ベーコン	×	×	×	△

避けたいもの 食材まるわかり表

マークの見方
○…食べやすいかたさや形状に調理し、適量なら◎。
△…「様子をみながら」、「ごく少量だけ」など条件つき。
×…その時期には不向き。基本的には食べさせないようにした方がよい。
※…アレルギー食品(特に気をつけたいもの)。

ビタミン・ミネラル

分類	食材	ゴックン	モグモグ	カミカミ	パクパク
野菜類	にんじん	○	○	○	○
	かぼちゃ	○	○	○	○
	トマト	○	○	○	○
	ほうれん草・小松菜	○	○	○	○
	ブロッコリー	○	○	○	○
	キャベツ・白菜	○	○	○	○
	玉ねぎ・ねぎ	○	○	○	○
	大根	○	○	○	○
	かぶ	○	○	○	○
	モロヘイヤ	○	○	○	○
	さやいんげん	×	○	○	○
	もやし	×	△	○	○
	なす・きゅうり	△	○	○	○
	レタス	○	○	○	○
	オクラ	×	○	○	○
	グリーンアスパラガス	○	○	○	○
	パプリカ・ピーマン	○	○	○	○
	れんこん・ごぼう・たけのこ	×	×	△	○
	きのこ類	×	△	○	○
	にんにく・しょうが	×	×	×	△
果物	バナナ※	○	○	○	○
	りんご※・いちご・桃※みかん・オレンジなど	○	○	○	○
	アボカド	×	△	△	○
海藻類	焼きのり	△	○	○	○
	ひじき	△	○	○	○
	わかめ	×	△	○	○

その他の食品

食材	ゴックン	モグモグ	カミカミ	パクパク
ジャム	×	△	△	△
ゼラチン※	×	×	×	△
上白糖・三温糖	×	×	△	○
はちみつ	×	×	×	×
黒砂糖	×	×	×	×
オリゴ糖	△	○	○	○
食塩	×	×	○	○
しょうゆ	×	○	○	○
めんつゆ	×	×	△	○
みそ(だし入り含む)	×	○	○	○
ウスターソース	×	×	×	△
酢	×	○	○	○
ポン酢しょうゆ	×	○	○	○
みりん	×	○	○	○
マヨネーズ	×	×	○	○
オイスターソース	×	×	○	○
カレールー	×	×	×	△
カレー粉	×	×	△	○
固形スープ・鶏がらスープ	×	○	○	○
こしょう	×	×	×	△
トマトケチャップ	×	○	○	○
バター	×	○	○	○
マーガリン	×	×	△	○
サラダ油	×	○	○	○
オリーブ油	×	×	△	○
ごま油	×	×	△	○
野菜ジュース	×	○	○	○

きほんのおかゆ・軟飯の作り方

離乳食の主食は、「おかゆ」が基本。お米から作るおかゆと、炊いたご飯から作るおかゆがあります。月齢に合わせ、水の量を調節しながら作りましょう。

お米から作るおかゆ

最初は「10倍がゆ」からスタート。これはお米から作る米がゆ。お米に対して10倍の水で作ります。

10倍がゆ

❶ 鍋に米1/2カップと水5カップを入れる。

❷ 30分ほど水に浸してから強火にかける。沸騰したら弱火にして、ふたをずらして40分ほど炊く。

❸ 火を止めてふたをし、そのまま10分蒸らす。

❹ ❸をミキサーで撹拌し、保存容器に入れ冷凍する(P.22参照)

おかゆの種類と水加減

	10倍がゆ ゴックン期 (5〜6カ月ごろ)	7倍がゆ モグモグ期 (7〜8カ月ごろ)	5倍がゆ カミカミ期 (9〜11カ月ごろ)	軟飯 パクパク期 (12〜18カ月ごろ)
お米から (米:水)	1:10	1:7	1:5	1:2〜3
ご飯から (ご飯:水)	1:9	1:6	1:4	1:1.5〜2

ご飯から作るおかゆ

耐熱容器にご飯と水を入れて電子レンジで加熱する。そのまま冷めるまで蒸らす。

たとえば、軟飯はご飯100gに対して水150〜200mlを入れて混ぜ、レンジで3分加熱し、そのまま3分蒸らす。

MEMO ふきこぼれるので分量に対して大きめの耐熱容器で加熱すること

ラクするおかゆ

象印マホービン
圧力IH炊飯ジャー
「極め炊き」NW-JS10

CASE 1　炊飯器のおかゆモードを使う

CASE 2　1食分だけほしいときに
大人用に水加減をした内釜の真ん中に耐熱容器を入れ、炊飯モードで炊く。

お米から作るおかゆのできあがり量

	10倍がゆ	7倍がゆ	5倍がゆ	軟飯
1食の目安量	小さじ1〜40g（ゴックン期）	50〜80g（モグモグ期）	90g（カミカミ期）	90g（パクパク期）
分量（米:水）	米1/4カップ:水2と1/2カップ	米1/2カップ:水3と1/2カップ	米1カップ:水5カップ	米1カップ:水2〜3カップ
1回のできあがり量	約16〜100食分	約8〜14食分	約12〜14食分	約5〜6食分

※食べる量は赤ちゃんのペースがありますので、冷凍保存量の目安にしてください

きほんのだしの作り方

大人も使える

調味料をほとんど使わず、薄味で作る離乳食。
それだけに、「だし」は欠かすことができない味わいの基（もと）です。
時間のあるときにまとめて作り、冷凍ストックしておけば、いつでも簡単に利用できます。
1ブロックが15ml（大さじ1）のブロックトレーで冷凍するのが便利でおすすめ！

和風だし

どんな食材とも相性がいいだしはストック用に！

昆布だし

30min 置く / 8min 煮る

ゴックン期（5〜6カ月）から

材料
だし昆布……15cm
水……5カップ

作り方
❶ 鍋に水と昆布を入れ、30分置く。
❷ ❶を中火にかけ、煮立ったら火を弱めて8分煮る。
❸ ❷を茶こしでこす。

かつおと昆布の和風だし

30min 置く / 2min 煮る

モグモグ期（7〜8カ月）から

材料
水……5カップ
だし昆布……15cm
かつお節……20g

作り方
❶ 鍋に水と昆布を入れ、30分置く。
❷ 中火にかけ、沸騰直前に昆布を取り出す。
❸ ❷にかつお節を加え、弱火で2分煮て火を止める。
❹ ざるにペーパータオルを敷き、だしをこす。

即席だし

「時間がない」「少量のだしを作りたい」、そんなときにおすすめ！

コップだし

5min

モグモグ期（7〜8カ月）から

材料　かつお節……5g　熱湯……1カップ

作り方
1. 茶こしにかつお節を入れてカップにのせ、かつお節が浸るまで熱湯を注ぐ。
2. 5分置き、茶こしをはずす。

レンジだし

3min

モグモグ期（7〜8カ月）から

材料　だし昆布……5cm　かつお節……ひとつかみ
　　　水……2カップ

作り方
1. 耐熱ボウルに材料を入れラップをふんわりかけ、レンジで3分加熱する。
2. ❶をざるでこす。

洋風だし

離乳食作りで余った野菜を使えば合理的！

野菜スープだし

※写真は2倍量です

ゴックン期（5〜6カ月）から

材料
野菜（玉ねぎ、にんじん、ブロッコリー、大根など）
　……300g
水……4カップ

作り方
1. 野菜は皮をむいて1cm角に切る。
2. 鍋に野菜と水を入れ煮立ったら30分弱火で煮る。
3. ざるを置いたボウルに注ぎ、スープと具材と分ける。
※レンチンの場合は10分加熱し、15分蒸らす

スープと具材は別々に活用できる

だしは、ブロックトレーなどに入れて冷凍し、固まったらキューブを取り出しフリーザーバッグに入れ替えて冷凍保存。

具材はフリーザーバッグに入れて月齢に合わせた大きさに麺棒でつぶす。冷凍保存する際は、菜箸で等分に筋目を入れておくと、使うときに折って取り出せるので便利。

きほんのソースの作り方

モグモグ期からはだんだんと味覚も感じるようになります。
ソースを使って離乳食にも味の変化をつけてみましょう。
レシピのバリエーションが広がるソースも、まとめて作って冷凍保存しておくと便利です。

トマトソース

モグモグ期（7～8カ月）から

一度にたくさんの野菜が
食べられます

※写真は50gずつ小分け

材料
トマト……1個
Ⓐ ┌ ピーマン……2個
　 └ たまねぎ……1/2個
オリーブ油……小さじ1
水……大さじ3

作り方
❶ Ⓐはみじん切りに、トマトは湯剥きし種を取ってみじん切りにする。
❷ フライパンにオリーブ油を熱し、Ⓐを中火で炒め、トマト・水を加えて10分煮込む。

トマトリゾット(左)に変身(P.45)

豆乳ホワイトソース

カミカミ期（9～11カ月）から

泡立て器を使って失敗なしの
本格ホワイトソース♪

※写真は50gずつ小分け

材料
無調整豆乳……1と1/2カップ
小麦粉……大さじ1
有塩バター……大さじ1

作り方
❶ フライパンにバターを熱し、小麦粉を入れて弱火で炒める。
❷ 火を止めて無調整豆乳を注ぎ、泡立て器で混ぜる。再び弱火にかけてとろみがついたら火を止める。

ドリア(左)に変身(P.58)

MEMO 大さじ1杯(15ml)ずつ小分けにして冷凍保存します。使う量は月齢に合わせて変わるので調節します

PART 2

手間をかけずにできる！
冷凍保存テクニック

手間をかけずにできる食材別の下ごしらえと冷凍保存のテクニックを紹介します。離乳食に使いやすい食材をピックアップし、月齢ステージに合った形状や量、食材ごとのポイントなどをまとめています。

ママの疑問・お悩み
☐ 冷凍・解凍の注意点は？
☐ 食材の下ごしらえってどうやるの？
☐ 便利な保存アイテムは？
☐ どれくらい保存しておけるの？

失敗しない 冷凍・解凍 きほんのルール

使いたいときに使いたい分だけ取り出して、レンチンだけ。
冷凍保存しておくと、毎日の離乳食作りが断然ラクになります。
ここでは、離乳食用に食材を冷凍する際のきほんのルールをまとめています。
安全でおいしい離乳食を作るために、しっかり意識しましょう。

❶ 食材は新鮮なものを選ぶ

食材はなるべく買ったその日、栄養価が高いうちに冷凍しましょう。まとめ買いして下ごしらえし、冷凍する日を決めておくと効率的です。

❷ 1回分ずつ使い切り、再冷凍は避ける

冷凍保存するときは、1回分ずつ使う量で小分けにしましょう。量の目安は早見表(P.10)を、食材別ストック方法はP.22〜30をご覧ください。

小分けに

❸ 「解凍」という表示のある生鮮食品は避ける

そのまま使い切るときは問題ありませんが、冷凍保存する場合は、ラベル表示を確認し、一度解凍された商品の再冷凍は避けるようにしましょう。

❹ 味が落ちないようしっかり密封する

空気が入ると酸化の原因となるため、フリーザーバッグは食材と密着させるように押し、空気を抜いて密封状態にして冷凍しましょう。

❺ 日付を記入し、1週間ぐらいで使い切る

冷蔵より長期保存できますが、なるべく1週間で使い切りましょう。日付を記入すれば使い忘れも防げます。

❻ 凍ったまま再加熱する

自然解凍は雑菌繁殖の原因になるので避け、再加熱が必要です。食材がパサついている場合は、水やだしを加えて加熱することでおいしさも復活します。

冷凍保存に便利な小分けアイテム

1回に使う分量ずつ小分けにしておくと、とても便利です。
私が実際に使っていた保存アイテムを紹介します。

ブロックトレー

だしなどの液体やゴックン期のペースト状の食材を小分けにして冷凍するのに最適です。P.10の表を参考に、各ステージごとに使う量で分けて冷凍しておけば、料理するときに計量スプーンを使わずにすみます。凍ったらトレーから出してフリーザーバッグに入れ、再び冷凍庫で保存します。

- だし、野菜スープ、ソース
- 野菜ペースト
- おかゆ

コンテナー

月齢によって食べる量も増えてくるので、130〜300ml用を使用します。解凍や調理にそのまま使えるレンチン対応の容器がおすすめです。

- 主食1回分（おかゆ、麺類）
- 野菜スープ、煮物
- その他1回分の小分け用

フリーザーバッグ

薄くのばして冷凍できる食材に使用します。菜箸で等分に筋目を入れておくと、使うときに計量する手間も省けます。

- 野菜や魚、肉
- かぼちゃ、いも類
- 小分けで冷凍した食材

＼使いやすい食材をピックアップ／
食材別 下ごしらえ・冷凍保存テク

簡単においしくできる冷凍保存のテクニックと、
食材別の下ごしらえの方法、月齢に合った形状や量などを紹介します。

主食　炭水化物

おかゆ

炊きたての味を数日分まとめて冷凍

ほぼ毎日食べるおかゆは数日〜1週間分をまとめて炊いて冷凍保存しておきましょう。
※炊き方は「きほんのおかゆ・軟飯の作り方」を参照(P.14)。

10倍がゆ
5〜40g

舌触りなめらかなポタージュ状にする。ブロックトレーで凍らせたら取り出し、フリーザーバッグへ。

7倍がゆ
50〜80g

水分も多くスプーンで混ぜると簡単につぶせるくらい。1食分ずつ小分け容器へ。

5倍がゆ
90g
（後半は軟飯80g）

指で簡単につぶせるかたさ。大人が食べるおかゆと同じ状態をイメージして。1食分ずつ小分け容器へ。

軟飯
90g
（後半はご飯80g）

ご飯よりはやわらかめ、水分量は噛む力に合わせて調節して。1食分ずつ小分け容器へ。

> **MEMO**　モグモグ期以降は、1食分ずつラップに包んでも保存できます

うどん

袋入りの無塩ゆでうどんが手軽！

無塩のゆでうどんはざるにあげ流水で洗います。有塩タイプのものは、熱湯でさっとゆで塩抜きをします。月齢に合わせた大きさに切り、1食分ずつ保存容器で冷凍します。

ゴックン期	モグモグ期	カミカミ期	パクパク期
	前半35g／後半55g	前半60g／後半90g	前半105g／後半130g

	2mm幅	1〜2cm幅	2〜3cm幅

※市販のうどん1玉は160〜200g程度

食パン

8枚切りが使い勝手◎

食パンはいろいろな食材と相性がよく、手づかみ食べもしやすいので離乳食には大活躍。夏は特にカビが生えやすいので冷凍保存を。全粒粉やライ麦パン、油脂の多く入ったデニッシュやクロワッサンは消化しにくいので避け、なるべく低塩で添加物がないものを選びましょう。

ゴックン期	モグモグ期	カミカミ期	パクパク期
	前半15g／後半20g	前半25g／後半35g	前半40g／後半50g

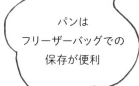

パンはフリーザーバッグでの保存が便利

カミカミ期までは、耳を切り落として1cm幅のスティック状（1本当たり8g程度）にする

耳つきで1枚そのまま

パスタ

早ゆでマカロニを使って時短カンタン

スパゲッティは直径1.4mmくらいのものか、サラダ用マカロニを選びます。塩を加えずに表示時間よりも5分長くクタクタになるまでゆでます。

ゴックン期	カミカミ期	パクパク期
モグモグ期	前半40g／後半65g	前半75g／後半90g

 ×

※冷凍保存の形状は「うどん」を参照(P.23)

そうめん　モグモグ期〜

先にぽきぽき折ってから ゆでればラクラク

塩分を残さないよう表示時間より3分長めにゆでます。あらかじめ月齢に合わせた長さに乾麺を手でぽきぽき折っておくと、ゆでたあとにまな板と包丁を使わなくてもいいからラクラク。

モグモグ期は細かく、カミカミ期は3mm幅、パクパク期は5mm幅を目安に折ります。

※冷凍保存の形状は「うどん」を参照(P.23)

じゃがいも　ゴックン期〜

レンチンでマッシュしてから 冷凍

消化吸収のよいでんぷんを多く含むじゃがいもは、かたまりのまま冷凍すると中の水分が凍って内部がスカスカになるため必ずマッシュしてから冷凍します。

じゃがいもはラップで包み、電子レンジで1個(150g)を約3分加熱し、竹串がスッと通るようになってから皮をむきます。

※冷凍保存の形状はさつまいもを参照(P.25)

さつまいも

レンチンしても栄養価はそのまま

未熟な赤ちゃんも消化吸収しやすいでんぷん質が多く、加熱してもビタミンCが壊れにくいのがさつまいもの特徴です。皮をむいてから1cm幅の輪切りにし、耐熱容器に入れて水大さじ1を振ってふんわりとラップをし、レンジで150gあたり約3分加熱。竹串がスッと通るようになったらマッシュします。

ゴックン期 / **モグモグ期** / **カミカミ期** / **パクパク期**

マッシュしてお湯でのばしてペースト状にする。ブロックトレーに入れて凍らせ、取り出したら、フリーザーバッグに入れ替えて冷凍保存する。

マッシュしてフリーザーバッグに入れて薄く広げ、空気を抜いてジッパーを閉める。菜箸などで等分に筋目をつけて冷凍保存。

主菜 たんぱく質

しらす

塩分が多いので塩抜きを忘れずに

おかゆに混ぜたり、野菜と和えたり、少量でも使いやすく便利な食材です。

1食分ずつ小分けにして保存容器へ

ゴックン期 / **モグモグ期** / **カミカミ期** / **パクパク期**

〈下ごしらえ〉

ざるに入れて熱湯をかけて5分ほど置き、塩抜きをする。

水少々を加えてなめらかにすりつぶす。

モグモグ期以降は月齢に合わせて細かく刻む。

白身魚

大人の残りのお刺身を使えば経済的

魚はパサつきやすいので、切り身1枚に対して片栗粉小さじ1/2をまぶし、水大さじ1をかけてレンジで1分30秒〜加熱します。月齢に合わせた大きさにし、1食分ずつ小分けにして保存容器で冷凍します。

ゴックン期	モグモグ期	カミカミ期	パクパク期

水少々を加えて、なめらかにすりつぶす。	細かくほぐす。	5mm大にほぐす。	1cm大にほぐす。

鶏ささみ

繊維を断ち切るようにそぎ切りで下処理

鶏のささみは脂肪分が少ない上に消化吸収がよいたんぱく質なので、肉類の中では食べやすいといえます。ささみ1本をそぎ切りして片栗粉小さじ1/2をまぶし、水大さじ1をかけてレンジで1分30秒〜加熱します。月齢に合わせた大きさにし、1食分ずつ小分けにして保存容器で冷凍します。

ゴックン期	モグモグ期	カミカミ期	パクパク期
✕			
	細かくほぐす。	5mm大にほぐす。	1cm大にほぐす。

> 加熱するとパサつく肉や魚には片栗粉をまぶして

MEMO レンチンした後の魚や肉は、フォークの背を使えばほぐすのもカンタン

ひき肉　カミカミ期〜

刻む手間のないひき肉は離乳食向き

ひき肉100gに片栗粉小さじ1、水大さじ2をもみこんでレンジで2分加熱。フリーザーバッグに入れて粗くほぐしたあと薄く広げ、空気を抜いて保存します。ひき肉は皮なしの胸肉やささみを選びましょう。

薄切り肉　カミカミ期〜

片栗粉をまぶしてつるんと食べやすく

薄切り肉100gに片栗粉小さじ1、水大さじ2をもみこんでレンジで2分加熱。5mm〜1cm幅の千切りにし、1回分ずつ保存容器へ。カミカミ期以降に、赤身の牛肉から始めてください。豚肉は牛肉に十分に慣れてからトライしましょう。

赤身の牛肉から

ツナ缶　モグモグ期〜

食塩不使用の水煮缶を選んで

コクとうまみが追加できるツナ缶は骨を取り除く手間もないから手軽に使えます。オイル漬けの場合は、ざるに入れて熱湯をかけ油分を取り除きます。細かくほぐし1回分ずつ保存容器に入れます。

納豆　モグモグ期〜

そのまま使えるひき割りが便利

ビニールの上からお箸で筋目をつけます。

パッケージごとフリーザーバッグに入れ、空気を抜いてジッパーを閉め冷凍保存します。

副菜　ビタミン・ミネラル

かぼちゃ

煮くずれしないレンチンがおすすめ

ビタミン類やカリウムなど栄養価の高いかぼちゃは、ほくほくとして甘みたっぷりで赤ちゃんも食べやすい食材です。皮とたね、わたを取り除いたかぼちゃ150gをラップで包み、レンジで約3分加熱。竹串がスッと通るようになったら月齢に合わせた形状にし冷凍保存します。

ゴックン期	モグモグ期	カミカミ期	パクパク期

- マッシュしてお湯（適量。目安は大さじ1〜）でのばしてペースト状に。ブロックトレーで凍らせたら取り出しフリーザーバッグへ。
- 粗くマッシュして、フリーザーバッグへ入れ、空気を抜いて密封し、菜箸で均等に筋目をつける。
  ※さつまいも参照（P.25）
- 5mm角に切る。
- 1cm角に切る。

にんじん

下ゆでに時間がかかる根菜はレンチンで時短

ビタミン、ミネラルが豊富なにんじんは、加熱すると甘みがでます。皮をむいてから1cm幅の輪切りにし、耐熱容器に入れて水大さじ1を振って、ふんわりラップをし、レンジで150gあたり約3分加熱し、竹串がスッと通るようになったら月齢に合わせた大きさに切り、小分けにし冷凍します。

ゴックン期	モグモグ期	カミカミ期	パクパク期

- すりつぶしてペースト状に。ブロックトレーで凍らせたら取り出しフリーザーバッグへ。
- 2mm幅に切る。
- 5mm角に切る。
- 1cm角に切る。

MEMO　大根もにんじんと同様の下ごしらえ、保存方法ができます

ほうれん草・小松菜
クセのある青菜はアク抜きを忘れずに

初期から食べさせられるほうれん草や小松菜などの青菜は、栄養価も高いので積極的に取り入れたい食材。ゴックン期・モグモグ期は、やわらかい葉先のみを使用します。カミカミ期以降は、繊維が多くかたい茎の部分も一緒に食べさせても大丈夫。月齢に合わせた大きさにし、1食分ずつ小分けにして保存容器で冷凍します。

ほうれん草はアクが強いので、ゆでた後、必ず水にさらしてアク抜きをしてください。

ゴックン期	モグモグ期	カミカミ期	パクパク期

葉先のみをやわらかくゆで、すりつぶしてペースト状に。ブロックトレーで凍らせたら取り出しフリーザーバッグへ。	葉先のみを使用。2mm幅に切る。	茎も合わせて使用。5mm幅に切る。	茎も合わせて使用。1cm幅に刻む。

キャベツ
やわらかい部分をまとめてストック

キャベツはアクも少なく甘みがあって食べやすく、整腸作用があり、赤ちゃんの便秘予防にもなる食材です。かたい芯や白く太い葉脈を避け、中心部のやわらかい部分や葉先を使いましょう。葉2枚分を耐熱容器に入れ、水大さじ1を振ってふんわりラップをし、レンジで4分加熱します。

レンチンしたら、かたい部分を除き、月齢に合わせた形状にし保存容器へ

ゴックン期	モグモグ期	カミカミ期	パクパク期

すりつぶしてペースト状に。ブロックトレーで凍らせたら取り出しフリーザーバッグへ。	2mm幅に切る。	5mm幅に切る。	1cm幅に刻む。

MEMO 白菜などの葉物もキャベツと同様の下ごしらえ、保存方法でOK

玉ねぎ
だしにも具材にもなるから便利

たまねぎ1/2個を粗みじん切りにして耐熱容器に入れ、水大さじ1を振ってふんわりラップをし、レンジで4分加熱します。

※形状と保存形態はキャベツを参照(P.29)

トマト
ほどよい酸味と甘みを活用

トマトはうま味成分のグルタミン酸を多く含むので、そのまま味付けにも活用できます。湯剥きし、種を取り除くのがポイント。モグモグ期からはトマトソース（P.18参照）にして冷凍保存しておけるととても便利です。

※形状と保存形態はにんじんを参照(P.28)

オクラ
ねばねばでのどごしよく

こすり合わせて水で洗い、うぶ毛を取ったオクラ（10本程度）を耐熱容器に入れ、水大さじ1を振ってふんわりラップをし、レンジで3分加熱し、ヘタと種を取り除きます。

※形状と保存形態はキャベツを参照(P.29)

ブロッコリー
やわらかい花蕾を

ブロッコリー150gは小房に切って耐熱容器に入れ、水大さじ1をかけふんわりラップをし、レンジで約3分加熱。竹串がスッと通るようになったら月齢に合わせた大きさに刻みます。

※形状と保存形態はキャベツを参照(P.29)

さやいんげん
筋なしや冷凍を賢く使う

旬は夏なので、手に入らない時期は、冷凍食品を使ってもOK。最近は筋なしもあるので便利です。さやいんげん（15本程度）を耐熱容器に入れ、水大さじ1を振ってふんわりラップをし、レンジで2分加熱。

※形状と保存形態はキャベツを参照(P.29)

りんご
加熱すれば甘みがさらにアップ

りんごには疲労回復効果、整腸作用もあるので、体調が悪いときでも食べさせられます。皮をむいたりんご（1個）を1cm幅のいちょう切りにして耐熱容器に入れ、水大さじ1を振ってふんわりラップをし、レンジで5〜6分加熱します。月齢に合わせた大きさにし、1食分ずつ（P.11参照）小分けにして保存容器で冷凍します。

ゴックン期	モグモグ期	カミカミ期	パクパク期

すりつぶしてペースト状に。ブロックトレーで凍らせたら取り出しフリーザーバッグへ。	2mm角のみじん切り。	5mm角の粗みじん切り。	1cm角に刻む。

PART
3

月齢ステージ別
離乳食レシピ集

月齢ごとの離乳食の進め方に加えて、冷凍食材を使ったレシピを提案しています。ほぼレンチンだけで手早くできるので、毎日ラクラク。冷蔵・常温保存の食材と組み合わせればバリエーションも広がります。メニューに悩んだときにぜひ活用してください。

ママの疑問・お悩み

☐ 月齢ステージごとに、
　どう進めていけばいいの？
☐ 食べさせやすいメニューはある？
☐ 忙しくて作る時間がない
☐ メニューがマンネリ化してきた

5〜6カ月ごろ　ゴックン期の進め方

「食べる」のはじまりは離乳食。
1日1回ひとさじずつからスタート

離乳食をスタートする時期は、「5カ月になったら絶対！」と決めるのではなく、「パパやママが食べるのをじっと見ている」など、赤ちゃんが「食べる」ことに興味を持ち、「よだれが出ている」などのサインが出てから始めましょう。

この時期の栄養源は母乳やミルクから摂るので、離乳食を食べさせた後は、欲しがるだけ母乳やミルクを飲ませても大丈夫です。まずは、母乳やミルク以外のものを飲み込んだり、食べ物の舌ざわりに慣れることを目的に進めていきます。

1日1〜2回

SCHEDULE

授乳時間のうち1回を離乳食タイムに

- 6:00　母乳かミルク
- 10:00　離乳食＋母乳かミルク
- 14:00　母乳かミルク
- 18:00　離乳食＋母乳かミルク
  （※2回食になったら）
- 22:00　母乳かミルク

□ おなかが空いている午前中がおすすめ
□ 離乳食開始〜4週目ごろ：午前中に1回
□ 5週目ごろ〜：慣れてきたら、午前中に1回目、夕食ごろに2回目を。2回食にする場合は1回目から4時間以上間隔をあけて

※時間帯や回数はあくまでも目安です。各家庭の生活リズムや赤ちゃんのペースに合わせて進めてください

栄養源はまだ母乳やミルクがメイン

炭水化物
10倍がゆ…小さじ1から始めて40g

ビタミン・ミネラル
野菜・果物 …小さじ1から始めて10〜15g

たんぱく質
魚…小さじ1から始めて10g
豆腐…小さじ1から始めて25g

食べさせ方
お座りが安定しない間は抱っこで

赤ちゃんの姿勢を少し後ろに傾けるようにしてママのひざで抱っこし、片手で体をしっかり支え、もう一方の手で食べさせます。背もたれに寄りかかれるラックがあれば、それに座らせてもOK。

1日目　1日1回、ひとさじずつからスタート

開始1週目（1日〜7日目）は消化のよい10倍がゆを食べさせます。スプーンで下唇を軽くつついてから下唇の上にのせ、反射的に口をあけて上唇で取り込むのを待ってからスプーンを引き抜きます。唇を閉じてゴックンと飲み込んだらOKです。最初はうまくいかないのは当たり前。無理に押し込んだりするのは厳禁です。

2日目　1日目と同じ10倍がゆをひとさじ

「小さじ1なんて一瞬でペロリ？」と思いがちですが、赤ちゃんはこの1さじを食べるのにとっても苦労します。特に問題なければ、3日目から小さじ2、4日目は小さじ3と増やしていきましょう。

5日目　おかゆに慣れたら野菜もプラス

おかゆが小さじ3まで増えたら、野菜も小さじ1さじずつ追加します。かぼちゃやにんじんなど甘みがあってアレルギーの可能性の少ない野菜から始めます。思うようにうまく食べられない子もいますが、まだまだ気にしなくて大丈夫です。

2〜3週目ごろ　野菜に慣れたら、たんぱく質もプラス

調理のしやすさ、食べやすさからもはじめてのたんぱく質は豆腐をおすすめします。そのあと、しらすなどの白身魚やヨーグルトなど1品ずつ種類を増やしていきましょう。おかゆ小さじ4、野菜小さじ3、たんぱく質小さじ1程度を目安に。

1カ月ごろ　上手にゴックンでき、しっかり食べる子は2回食へ

食が進む赤ちゃんは4週目から1日2回食べさせてもよいでしょう。よく食べる子もいれば、なかなか食べてくれない子もいます。無理せずその子のペースで、1カ月経ったから2回食にするのではなく、赤ちゃんが上手に飲み込めているかどうか、様子をみてステップアップしていきましょう。

よく食べるようになったらステップアップ

10倍がゆ　小さじ1〜

小さじ1から始め、2週間後に大さじ2程度食べられるようになればOK

野菜　小さじ1〜

にんじん、かぼちゃ、さつまいも、キャベツ、じゃがいもなどのペーストを小さじ1から

たんぱく質　小さじ1〜

野菜に慣れたら、小さじ1から増やします。4週目に入るころ小さじ2を目標に

ゴックン

まずはひとさじ食べればOK

5日目からは野菜も追加

10倍がゆ

にんじん

はじめてのおかゆ

ひとさじ目は消化に良いおかゆから

材料
10倍がゆ……30g
※作り方はP.14-15参照

40秒〜

作り方
❶ 10倍がゆに水（小さじ1）を加えて、レンジで40秒〜1分加熱する。

にんじんトロトロ

くせがないから赤ちゃんも食べやすい

材料
にんじん……10g

30秒

作り方
❶ にんじんに水（小さじ1）を振ってレンジで30秒加熱する。

MEMO 甘みのある野菜から、小さじ1杯ずつ食べさせていきましょう

ゴックン

食べるときによくかき混ぜて

はじめてのたんぱく質食べてくれるかな？

10倍がゆ ＋ にんじん

昆布だし

にんじんおかゆ

おかゆと野菜ペーストを組み合わせて

材料
10倍がゆ………30g
にんじん………15g

作り方
❶ 材料に水（小さじ1）を振り、レンジで1分20秒加熱する。

> **MEMO** トロトロ豆腐ももちろん冷凍OK！ 1食分ずつブロックトレーで冷凍し、フリーザーバッグへ

トロトロ豆腐

だしのうま味を食べやすいお豆腐と一緒に

材料（6回分）
● 絹ごし豆腐………1/2丁（150g）
昆布だし………大さじ3
　※きほんのだしを参照（P.16）
● 片栗粉………小さじ2

作り方
❶ 昆布だしをレンジで1分20秒加熱し解凍する。
❷ ❶と豆腐をミキサーに入れ、片栗粉を加えて撹拌する。
❸ ❷を耐熱容器に移してレンジで2分加熱する。

ゴックン

きなことおかゆは
よくかき混ぜて

10倍がゆ　　　　かぼちゃ

きなこおかゆ

きなこで栄養と風味をプラス

材料
10倍がゆ……30g
●きなこ……小さじ1

[40秒〜 レンジ]

作り方
❶10倍がゆに水（小さじ1）を振ってレンジで40秒〜1分加熱する。
❷❶にきなこをトッピングする。

かぼちゃのトロトロ

かぼちゃの甘みは赤ちゃんも大好き♥

材料
かぼちゃ……10g

[30秒 レンジ]

作り方
❶かぼちゃに水（小さじ1）を振ってレンジで30秒加熱する。

MEMO　冷凍したさつまいも・キャベツ・じゃがいもなども同様の手順でトロトロに〜

ゴックン

赤ちゃんの酸っぱい顔にも注目！

□ + □ + □
10倍がゆ　しらす　小松菜

□
トマト

しらす丼

3つの栄養グループをまとめて摂る

1分40秒〜

材料
10倍がゆ……30g
しらす……10g
小松菜……10g

作り方
❶10倍がゆに水（小さじ1）を振ってレンジで40秒〜1分加熱する。
❷耐熱皿にしらすと小松菜を入れ、水（小さじ1）を振ってレンジで1分加熱する。
❸❶に❷をトッピングする。

トマトのトロトロ

はじめての味。酸味にも挑戦

30秒

材料
トマト……10g

作り方
❶トマトに水（小さじ1）を振ってレンジで30秒加熱する。

ゴックン
37

時間がないときは
これ一皿でOK

食パン + トマト + キャベツ

イタリアンパンがゆ

米がゆに慣れたら次はパンで

材料
食パン………10g
Ⓐトマト、キャベツ………各10g
●無調整豆乳………大さじ2

作り方
❶ 耐熱容器に食パンを細かくちぎって入れ、豆乳をかける。その上からⒶをのせて、水小さじ1を振る。
❷ レンジで1分30秒加熱する。

ママの「困った」をサポート 離乳食グッズ①
スプーン

離乳食のマストアイテムといえばスプーン。ゴックン期はやわらかいシリコンタイプがおすすめ。しっかり唇を閉じて、食べ物を口の中に取り込むことができるから、赤ちゃんも食べやすいし、ママも食べさせやすくなります。赤ちゃんのひと口の大きさや食べる量に応じて、スプーンも替えて試してみては。

ゴックン

かぜをひいたときにも

りんご + じゃがいも + 洋風だし

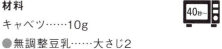
キャベツ

りんごのポテトサラダ

ビタミンCたっぷりで免疫力アップ

材料
りんご……15g
じゃがいも……10g
洋風だし……大さじ1
　※作り方はP.17参照

🔲 1分30秒

作り方
❶材料を入れレンジで1分30秒加熱し、混ぜ合わせる。

キャベツのポタージュ

レンチンだからスープも簡単

材料
キャベツ……10g
●無調整豆乳……大さじ2

🔲 40秒〜

作り方
❶耐熱容器に材料を入れレンジで40秒〜1分加熱し、混ぜ合わせる。

ゴックン

これなら青菜も
だいじょうぶ

りんご

さつまいも ＋ ほうれん草 ＋ 和風だし

りんごのポタージュ

りんごでおなかの調子を整える

材料
りんご……10g
●無調整豆乳……大さじ2

🔲 40秒〜

作り方
❶耐熱容器に材料を入れレンジで40秒〜1分加熱し、混ぜ合わせる。

さつまいもとほうれん草のきんとん

青菜の苦味をおいもの甘みでカバー

材料
さつまいも……15g
ほうれん草……10g
和風だし…大さじ1

🔲 1分30秒

作り方
❶耐熱容器に材料を入れてレンジで1分30秒加熱し、混ぜ合わせる。

ゴックン

column 1 ハーフバースデーどうする？

試行錯誤して、赤ちゃんでも食べられるケーキを考えました。当時を思い出すと懐かしい〜。10倍がゆと野菜ペーストで簡単にできるので、節目のお祝いにぜひ作ってみてはいかがでしょうか。

Half Birthday

ハーフバースデーのだんだんケーキ

材料
10倍がゆ……適量
野菜ペースト（にんじん・ほうれん草・かぼちゃ）…適量

作り方
❶ お皿にラップを敷き、大小のクッキー型を置いて10倍がゆを流し入れ、冷凍庫で冷やし固める。
❷ 野菜ペースト（にんじん→ほうれん草）、10倍がゆの順番に冷凍庫で固めて、層を作る。残りのペーストはブロックトレーに流し入れ固める。
❸ ❶のクッキー型の周りにお湯で絞ったタオルを巻き、型から外し、大きいほうを下にして2段に重ねる。
❹ ほうれん草ペーストをビニール袋に入れ、その先をはさみでカットし、好きな文字をプレートに書く。
❺ 凍らせた❷のペーストの残りや、ろうそくやピックなどで飾りつける。

> **MEMO** 食べるときはレンジで30秒〜加熱して、適量を食べさせてあげてください

7〜8カ月ごろ モグモグ期の進め方

食材の味や舌ざわりを楽しみながら 1日2回食のリズムを作ろう

ゴックンと飲み込むのが上手になり、食べる量も増えたら次のステップ、やわらかい固形物にトライ。モグモグと口を動かし、舌でつぶすことができる豆腐くらいのかたさが目安です。自分から「あ〜ん」と口を開けたらスプーンを下唇に水平に置き、上唇を閉じたらスプーンを引き抜きます。ママのペースではなく、赤ちゃんのペースに合わせてあげます。鶏肉やたまご、赤身の魚など食べられる食材も増えるので、レシピのバリエーションも広がります。

1日2回

SCHEDULE

授乳時間のうち2回を離乳食タイムに

- 6:00　母乳かミルク
- 10:00　離乳食＋母乳かミルク
- 14:00　母乳かミルク
- 18:00　離乳食＋母乳かミルク
- 22:00　母乳かミルク

☐ すでに2回食まで進んでいれば同じリズムでOK
☐ 2回食にする場合は1回目から4時間以上間隔をあけて
☐ なるべく毎日決まった時間で進める

※時間帯や回数はあくまでも目安です。各家庭の生活リズムや赤ちゃんのペースに合わせて進めてください

たんぱく質と野菜を組み合わせた献立を

炭水化物
7倍がゆ…50〜80g

ビタミン・ミネラル
野菜・果物…20〜30g

たんぱく質
魚または肉…10〜15g
または豆腐…30〜40g
または卵黄…1個〜全卵1/3個
または乳製品…50〜70ml

食べさせ方

ベビーチェアに座らせる

お座りができるようになれば、ベビーチェアを使います。足が宙に浮かず、床や補助板に届くサイズを選んであげると安定感も増し、あごや舌に力が入り食べやすくなります。

モグモグ

この時期に使いやすい食材 ほぼ実物大

1回の離乳食で、それぞれの栄養グループから1種類を食べさせる際の目安量です。同じグループから2つ以上組み合わせるときは、半量にするなど調整が必要になります。

白身魚 15g
お刺身用を使えば、骨抜きの手間いらず。

カッテージチーズ 15g
脂肪と塩分が少ないので離乳食向きのチーズ。なめらかな裏ごしタイプが便利。

にんじん 20g
皮の近くには栄養がたっぷり！ なるべく薄めに皮をむいて。

オクラ 20g
とろみづけの役割もあるオクラは、大きさにもよりますが1本約7～10gです。

りんご 10g
整腸作用もあるので、便秘気味の赤ちゃんに。加熱しすりつぶせば甘みもアップ。

キャベツ 20g
クセがないからいろんな食材に合います。特に春キャベツは葉も甘く離乳食にはおすすめ。

モグモグ

チーズが苦手な子だっているからね

7倍がゆ　　　　　にんじん

青のり飯

青のりはミネラルが摂れる万能食材

材料
7倍がゆ……50〜80g
　※作り方はP.14-15参照
●青のり（粉末タイプ）……少量

作り方
❶7倍がゆに水（小さじ1）を加えて、レンジで1分30秒〜加熱する。
❷❶に青のりをトッピングする。

にんじんの カッテージチーズ和え

使いやすいチーズでカルシウムを

材料
にんじん……20g
●カッテージチーズ……大さじ1

作り方
❶にんじんに水（小さじ1）を振ってレンジで40秒〜加熱する。
❷❶とカッテージチーズを混ぜ合わせる。

MEMO　カッテージチーズは裏ごしタイプを。加熱せずそのまま使えて便利

モグモグ

チーズの甘みで青菜も食べられた

10倍がゆ ＋ トマトソース

ほうれん草 ＋ 洋風だし

トマトリゾット

冷凍ソースを使えばリゾットも簡単

材料
7倍がゆ……50〜80g
トマトソース……大さじ1
※作り方はP.18参照

作り方
❶耐熱容器に材料を入れ、水（小さじ1）を振ってレンジで1分40秒〜加熱し、混ぜ合わせる。

ほうれん草の チーズ煮

片栗粉のとろみで飲み込みやすく

材料
Ⓐ ┌ ほうれん草……20g
   │ 洋風だし……大さじ1
   │   ※作り方はP.17参照
   └ ●ピザ用チーズ……小さじ2
●水溶き片栗粉……適宜

作り方
❶耐熱容器にⒶを入れてレンジで1分加熱し、混ぜ合わせる。
❷❶に水溶き片栗粉を加え、レンジで30秒加熱し、混ぜ合わせる。

モグモグ

うどんと一緒に具材もペロリと

＋ うどん ＋ 白身魚 ＋ ほうれん草 ＋ 和風だし

りんご

煮込みうどん

うどんは野菜やお魚とも相性抜群

材料　　　　　　　　　　　2分〜
うどん……35〜55g
白身魚（鯛など）……15g
ほうれん草……15g
和風だし……大さじ2
　※作り方はP.16参照

作り方
❶耐熱容器に材料を入れて水（小さじ1）を振ってレンジで2分〜加熱し、混ぜる。

りんごコンポートのせヨーグルト

栄養豊富な赤ちゃんデザート

材料　　　　　　　　　　　40秒
りんご……15g
●ヨーグルト……大さじ1

作り方
❶りんごに水（小さじ1）を振ってレンジで40秒加熱する。
❷ヨーグルトに❶をトッピングする。

MEMO　冷凍ストックと、家にある野菜をミックスすれば、うまみも栄養もアップします

モグモグ

これならお魚も食べられた

このねばねばに赤ちゃんもやみつき!?

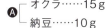

7倍がゆ + オクラ + 納豆

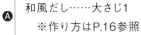

キャベツ + 和風だし + しらす

ねばねば丼

ねばねばは、のどごしがよく食べやすい

材料
7倍がゆ……50〜80g
Ⓐ ┌ オクラ……15g
　 └ 納豆……10g
● しょうゆ……1滴

（レンジ 2分20秒）

作り方
① Ⓐに水（小さじ1）を振ってレンジで50秒加熱し、しょうゆを混ぜる。
② 7倍がゆに水（小さじ1）を振ってレンジで1分30秒加熱、①をトッピングする。

キャベツとしらすのうま煮

ビタミンCとカルシウムたっぷり

材料
Ⓐ ┌ キャベツ……15g
　 │ 和風だし……大さじ1
　 │ 　※作り方はP.16参照
　 └ しらす……5g
● 水溶き片栗粉……適量

（レンジ 1分30秒）

作り方
① 耐熱容器にⒶを入れてレンジで1分加熱し、混ぜ合わせる。
② ①に水溶き片栗粉を混ぜ、レンジで30秒加熱し、混ぜ合わせる。

モグモグ

大人が食べても
おいしいおやき

食欲がアップする
とろみマジック！

モグモグ

7倍がゆ ＋ 鮭 ＋ 和風だし

にんじん ＋ ほうれん草 ＋ 洋風だし

鮭のおじや

はじめての鮭レシピはおかゆで

材料
7倍がゆ……50〜80g
鮭……15g
和風だし……大さじ1
※作り方はP.16参照

作り方
❶耐熱容器に材料を入れてレンジで2分〜加熱し、混ぜ合わせる。

にんじんとほうれん草のとろみスープ

栄養まんてん、味もまんてん

材料
にんじん……15g
ほうれん草……15g
洋風だし……大さじ2
※作り方はP.17参照
●水溶き片栗粉……適量

作り方
❶耐熱容器に材料を入れてレンジで1分20秒加熱し、混ぜ合わせる。
❷❶に水溶き片栗粉を混ぜ、レンジで30秒加熱し、混ぜ合わせる。

\冷凍食品を使って/
里いものおやき

材料（12枚分）
●市販の冷凍里いも……300g
●片栗粉……大さじ2

作り方
❶里いもは耐熱容器に入れて水（大さじ2）を振り、ふんわりラップしてレンジで7分強（竹串がスッと通るのが目安）加熱したら、フォークでつぶす。
❷❶に片栗粉を入れてまとめる。成型してフライパンで両面を焼く。

MEMO 油を使わないで焼けるフッ素樹脂加工のフライパンは離乳食期には1つあると便利です

フリーザーバッグに入れて冷凍保存OK

モグモグ

＼ 大人のスープもついでに ／
万能ベジタブルスープ

> 大人スープは塩こしょうで味を調えれば完成

材料
- 野菜（にんじん、キャベツ、玉ねぎ、ブロッコリー、かぶなど）……各適量

作り方
1. 野菜は月齢に合わせた大きさに切る。
2. 鍋に❶と水をヒタヒタに入れ火にかける。
3. 沸騰したら弱火で15分煮込む。粗熱が取れたら小分けして冷凍庫へ。

ARRANGE1	ARRANGE2	ARRANGE3
＋おかゆ（60g）	＋食パン（20g）	＋豆乳（大さじ3）

リゾットに	**パンがゆに**	**クリームスープに**

モグモグ

column 2 可愛く楽しく！ ハロウィンパーティー

「離乳食期だって、イベント料理は楽しみたい♪」そんな方へおすすめのレシピです。食材を多用できないこの時期は、器やデコレーションでハロウィンを演出して。

Happy Halloween

Soup

親子でゴックン♥
パンプキンポタージュ

材料（4人分）
- かぼちゃ……400g（約1/4個）
- 玉ねぎ……1/2個
- 水・豆乳……各2カップ
- 塩こしょう・ピンクペッパー・黒こしょう……各適量

大人もおいしい

作り方
1. かぼちゃは皮をむいてひと口大に切り、玉ねぎは薄切りする。
2. 鍋に❶と水を入れ、かぼちゃがやわらかくなるまで煮る。
3. ❷をミキサーにかけ鍋に戻し、離乳食分を取り分ける。お皿にかぼちゃの皮で作ったパーツをのせて離乳食分は完成。
4. ❸の鍋に、豆乳を加えてとろみがでるまで煮る。塩こしょうで味を調えて器に盛り、ピンクペッパーと黒こしょうをトッピングする。

ひゅ〜どろどろ！
おかゆおばけ

材料
- 10倍がゆ……20g
- のり……適量

作り方
1. 耐熱容器に10倍がゆと水（小さじ1）を入れ、レンジで40秒〜1分加熱する。
2. ❶を器に入れ、のりで目や口のパーツを作って飾りつけする。

MEMO かぼちゃの皮はジャックオランタンのパーツに使用。レンジで約1分加熱し、型抜きや包丁でカットする。

モグモグ

9〜11カ月ごろ カミカミ期の進め方

家族一緒の楽しい食卓体験で規則正しい3回食のリズムへ

食べられる食材も増え、口をモグモグと動かした後に上あごを使って食べ物をつぶせるようになったら次のステージへ。少し歯ごたえのある、完熟バナナくらいのかたさにトライしてみましょう。スプーンを下唇にのせると、上唇を閉じて食べ物を口へ取り込みます。すぐにゴックンと飲み込まず、舌でつぶせない食べ物は左右に寄せて歯ぐきで噛んで食べられるようになります。

遊び食べ、ムラ食い、好き嫌いなど個性も出てきますが、これも発達の過程では誰もが通る道です。

1日3回

SCHEDULE

授乳時間のうち3回を
離乳食タイムに

7:00	離乳食＋母乳かミルク
12:00	離乳食＋母乳かミルク
15:00	母乳かミルク
18:00	離乳食＋母乳かミルク
22:00	母乳かミルク

☐ 早寝早起きを心がける
☐ 夜は遅くとも19時までには終える
☐ 大人と食事時間を合わせるとママもラクちん

※時間帯や回数はあくまでも目安です。各家庭の生活リズムや赤ちゃんのペースに合わせて進めてください

鉄分が不足しやすいので気をつけて

炭水化物
5倍がゆ…90g
後半は軟飯…80g

ビタミン・ミネラル
野菜・果物…30〜40g

たんぱく質
魚または肉…15g
または豆腐…45g
または卵…全卵1/2個
または乳製品…80ml

食べさせ方
ベビーチェアに座らせる

座って食べ物に手が届くよう椅子の高さを調節してあげます。自分で食べたがるようになったら手づかみで食べられるスティック状や円形にしたものも試してみましょう。手づかみ食べのときは、ビニールシートを床に敷けば、こぼしてもイライラせずにすみます。

カミカミ

この時期に使いやすい食材
ほぼ実物大

1回の離乳食で、それぞれの栄養グループから1種類を食べさせるときの目安量です。同じグループから2つ以上組み合わせるときは、半量にするなど調整が必要になります。

ひき肉　15g

脂肪分の少ない皮なしのむね肉やささみのひき肉を。お店になければ、かたまりの肉を包丁でたたいて作れますよ。

小松菜　30g

カルシウムたっぷりの小松菜は、カミカミ期になると茎まで食べられます。

ささみ　15g

白い筋の部分は、フォークで挟んで引っ張れば簡単に取れます。

豆腐　45g

やわらかくて食べさせやすい豆腐は、レンチンなど必ず火を通してから使うようにして。

かぼちゃ　40g

レンチンすれば、かたい皮の近くまでムダなく使えます。

カミカミ

鶏肉にもトライ！

やわらかお米 カミカミできるかな？

5倍がゆ

■ + ■ + ■
かぼちゃ　玉ねぎ　鶏ひき肉

5倍がゆ

お米のつぶつぶ感を少しずつ味わう

材料
5倍がゆ……90g
※作り方はP.14-15参照

[レンジ 1分50秒〜]

作り方
❶ 5倍がゆに水（小さじ1）を加えて、レンジで1分50秒〜加熱する。

> **MEMO** 粒が苦手な赤ちゃんもいるから、その場合は7倍がゆに戻すか、すりつぶすなどして食べやすくしてあげて

かぼちゃと玉ねぎの そぼろあん

はじめてのお肉はひき肉を使って

材料
Ⓐ ┌ かぼちゃ……20g
　├ 玉ねぎ……20g
　└ 鶏ひき肉……15g
● 水溶き片栗粉……適量

[レンジ 1分50秒]

作り方
❶ 耐熱容器にⒶを入れて水（小さじ1）を振ってレンジで1分20秒加熱し、混ぜ合わせる。
❷ ❶に水溶き片栗粉を混ぜ、レンジで30秒加熱し、もう一度混ぜ合わせる。

カミカミ

ラクしても一皿でも栄養たっぷり♥

やさい + 鶏ささみ + うどん + 和風だし

ささみのあんかけうどん

彩りよくいろんな野菜を使おう

材料

A ┌ にんじん・さやいんげん・
　│　玉ねぎ……合わせて40g
　│ 鶏ささみ……15g
　│ うどん……60〜90g
　└ 和風だし……大さじ3
● 水溶き片栗粉……適量

3分

作り方

❶ 耐熱容器にAを入れ、レンジで2分30秒加熱し、混ぜる。
❷ ❶に水溶き片栗粉を入れ、レンジで30秒加熱し混ぜ合わせ、とろみをつける。

ママの「困った」をサポート
離乳食グッズ②
はさみ

外食のとき、大人分からの取分け用に。すべりやすい麺類や、お箸では切りにくいお肉類でも食べやすくカットできるので便利です。

カミカミ

忙しい朝の定番メニューに

かぼちゃ ＋ 食パン

かぼちゃのパンプディング

赤ちゃんが喜ぶ組み合わせ

材料
かぼちゃ……30g
食パン……25～30g
Ⓐ ●たまご……1/3個分
　●牛乳……大さじ2

●オレンジ……2房（好みで）

 1分40秒～

作り方
❶ かぼちゃに水（小さじ1）を振ってレンジで40秒加熱する。
❷ ❶にⒶを混ぜ合わせる。
❸ 耐熱容器に1cm角に切った食パンを入れ、❷を混ぜ合わせる。レンジで1分～で完全に火を通す。

> **MEMO** 付け合わせのオレンジ2房は薄皮をむいて器に盛る

カミカミ

大人も一緒に食べたいおかゆ

青菜もパクパク食べられる

■ + ■
5倍がゆ　さつまいも

■
小松菜

いもがゆ

おかゆにゴロゴロ野菜を混ぜて

材料
5倍がゆ……90g
さつまいも……15g

🕛 2分

作り方
❶ 耐熱容器に材料を入れ、水（小さじ1）を振ってレンジで2分加熱する。

小松菜の白和え

豆腐と和えて味わいまろやかに

材料
● 豆腐……45g
Ⓐ ┌ 小松菜……30g
　 └ ● すりごま……小さじ1

🕛 1分

作り方
❶ 豆腐をつぶしてⒶを加え、水（小さじ1）を振ってレンジで1分加熱する。

カミカミ

ガブッとひとロで食べれるかな?

軟飯 + トマトソース + 豆乳ホワイトソース + ひき肉

かぼちゃ

ドリア

つくりおきソースを有効活用

材料 🔲3分30秒
軟飯……80g
A ┌ トマトソース、豆乳ホワイトソース
　│　……各大さじ1　※作り方はP.18参照
　└ ひき肉……15g
● 粉チーズ・あおのり……適量

作り方
❶ 軟飯に水(小さじ1)を振りレンジで2分、Aに水(小さじ1)を振りレンジで1分30秒加熱。
❷ 耐熱皿に❶をのせ、粉チーズを振り、トースターで約7分焼いて青のりを振る。

かぼちゃの茶巾絞り

ラップを使えば手間なく作れる

材料 🔲40秒
かぼちゃ……30g

作り方
❶ かぼちゃに水(小さじ1)を振ってレンジで40秒加熱する。
❷ ❶を3等分し、ラップで包んで上をひねり、茶巾絞りにする。

> **MEMO** カミカミ期以降であれば、ひき肉は牛・豚どちらでも食べられます

カミカミ

海苔があるからベタベタしな〜い

軟飯

じゃがいも + 玉ねぎ + さやいんげん + ひき肉 + 和風だし

海苔サンド

手づかみ食べの第一歩

材料 🔲 2分
軟飯……80g
● 海苔……全型1/2枚

作り方
① 軟飯に水（小さじ1）を振り、レンジで2分加熱する。
② 海苔は半分に切り、軟飯をのせて均等に広げる。
③ もう1枚海苔を重ねて、キッチンばさみで一口サイズに切る。

肉じゃが

煮込みの定番もレンチンで簡単に

材料 🔲 2分30秒
じゃがいも……30g
玉ねぎ……15g
さやいんげん……15g
ひき肉……15g
和風だし……大さじ2

作り方
① 耐熱容器に材料を入れ、水（小さじ1）を振って2分30秒加熱し、軽く混ぜる。

カミカミ

マカロニを選ぶと
ママも食べさせやすい

| パスタ + 洋風だし + トマトソース + さやいんげん | ブロッコリー |

トマトソースパスタ

サラダ用パスタで簡単イタリアン

材料

Ⓐ
- パスタ……40〜65g
- 洋風だし……大さじ2　※P.17参照
- トマトソース……大さじ1　※P.18参照
- さやいんげん……15g

● 青のり……適量

作り方

❶ 耐熱容器にⒶを入れ、レンジで2分30秒加熱し、混ぜる。
❷ ❶に青のりをトッピングする。

ブロッコリーのチーズ和え

ビタミンCとカルシウム満点

材料

- ブロッコリー……20g
- ● ピザ用チーズ……大さじ1

作り方

❶ ブロッコリーにチーズをのせ、水（小さじ1）を振ってレンジで1分加熱する。軽く混ぜてできあがり。

カミカミ
60

やわらかいからよく食べます

食パン

洋風だし + 洋風だし具材 + キャベツ

フレンチトースト

手づかみ食べの練習にもなる

材料
- 食パン……25〜35g
- A
  - たまご……1/2個分
  - 無調整豆乳……大さじ3
- バター……少々

作り方
1. 食パンはスティック状に切る。
2. Aを混ぜ合わせて作った卵液に①を浸し、バターを熱したフライパンでこんがり焼く。

ベジコンソメスープ

野菜の栄養と甘みがたっぷり

材料
- 洋風だし……大さじ2
- 洋風だし具材……20g ※P.17参照
- キャベツ……20g

作り方
1. 耐熱容器に材料をすべて入れ、レンジで2分〜加熱し、混ぜる。

MEMO フレンチトーストはまとめて作って冷凍！レンチン40秒〜で焼きたての味に

カミカミ
61

パクパク食べちゃう手づかみおやつ

「ベチャベチャに汚れる」「遊び食べにつながって困る」とママたちが敬遠しがちな手づかみ食べも、これなら親子でストレスなく楽しく進められるはず。

もっちり豆腐パンケーキ

材料（10枚5食分）
- A
  - ●小麦粉……150g
  - ●砂糖……大さじ2
  - ●ベーキングパウダー……小さじ1
- ●豆腐……150g
- ●粉ミルク……3/4カップ

作り方
1. Aをボウルに入れて泡立て器で混ぜ合わせる。
2. 豆腐を別のボウルに入れ、泡立て器でしっかり混ぜてペースト状にし、粉ミルクを加え混ぜる。
3. 1と2を混ぜ合わせる。
4. フライパンを中火で熱し、ぬれぶきんの上で少し冷ます。
5. 3の生地を流し弱火で3分焼き、ひっくり返してもう2分焼く。

りんごのホットケーキ

材料（1枚分）
- りんご……20g
- ●ホットケーキミックス……大さじ2

（レンジ40秒）

作り方
1. レンジで40秒加熱したりんごに、ホットケーキミックス、水（大さじ2）を加えて混ぜる。
2. フライパンを中火で熱し、ぬれぶきんの上で少し冷ます。
3. 生地を流し弱火で3分焼き、ひっくり返してもう2分焼く。

> **MEMO** 脳の発達、意欲や自立心をはぐくむためにも手づかみ食べは積極的にトライしましょう

さらに 残った離乳食でママおやつ

冷凍庫にストックした食材が残っていませんか？あまり古くならないうちに、おやつにして食べ切りましょう。赤ちゃんのお昼寝中にホッとひと息ティータイムを。

フルーツベジパンケーキ

材料（10枚5食分）
残った冷凍野菜（キャベツ、にんじん、小松菜など）……120g
- ホットケーキミックス……1と1/2カップ
- たまご……1個
- メープルシロップ、バター……適量

作り方
1. 冷凍野菜はレンジで約3分加熱し、解凍する。
2. ボウルにたまごと❶を入れてよく混ぜ、ホットケーキミックスを入れてさっくり混ぜる。
3. フライパンを中火で熱し、ぬれぶきんの上で少し冷ます。
4. ❸の生地1/4量を流し弱火で3分焼き、ひっくり返してもう2分焼く。

MEMO 赤ちゃんも一緒に食べてもOK！ただし、バターとシロップはママだけにして♥

ベジタブルマフィン

材料（6個分）
残った冷凍野菜（キャベツ、にんじん、小松菜など）……120g
- ホットケーキミックス……1と1/2カップ
- A ┌ たまご……1個
    │ 牛乳……大さじ3
    └ マヨネーズ……大さじ1

作り方
1. 冷凍野菜はレンジで約3分加熱し、解凍する。
2. Aを入れてよく混ぜ、ホットケーキミックスを入れてさっくり混ぜる。
3. マフィン型に8分目程度まで❷を入れ、170℃に熱したオーブンで約20分焼く。

カミカミ

12〜18カ月ごろ　パクパク期の進め方

生活リズムも整い、離乳食卒業にむけて準備。
「自分で食べたい」をママがサポート

歯ぐきで噛めるようになってきたら、ゆで卵の白身くらいのかたさにした食材を前歯で噛み切る練習をしていきます。かたさと量は日々調節をしてあげてください。まだ手づかみ食べが基本ですので、手で持ちやすい形状のメニューを。自分で食べたことが自信になり食べる意欲もますますアップします。さらに、スプーンを持ちたがる子には、赤ちゃん用のスプーンを持たせてあげてもOK！　振り回したり、汚したり、食べるのが遅くなったり、ママのイライラも増えますが、あたたかく見守ってあげましょう。

1日3回

SCHEDULE

**1日3回離乳食
+1日2回おやつタイム**

- 7:00　離乳食
- 10:00　おやつ+牛乳
- 12:00　離乳食
- 15:00　おやつ+牛乳
- 18:00　離乳食

☐ 朝昼夜1日3回、規則正しい生活リズムで
☐ 食欲に応じて1日1〜2回のおやつタイムを
☐ 卒乳のタイミングはその子に合わせて

※時間帯や回数はあくまでも目安です。各家庭の生活リズムや赤ちゃんのペースに合わせて進めてください

手づかみ食べメニューを積極的に

炭水化物
軟飯…90g
後半はご飯…80g

ビタミン・ミネラル
野菜・果物…40〜50g

たんぱく質
魚または肉…15〜20g
または豆腐…50〜55g
または全卵…1/2〜2/3個
または乳製品…100ml

食べさせ方

イスに座らせる

活発になり食事中でも立ち歩こうとするので、ひとりで抜け出せないイスを選ぶと安全で食事にも集中できます。成長に合わせて調節できるタイプがおすすめ。
コップも使えるようになる時期なので、おやつタイムの牛乳は、コップにトライしていきましょう。赤ちゃんが持ちやすい取っ手付きを選んで。

パクパク

この時期に使いやすい食材
ほぼ実物大

1回の離乳食で、それぞれの栄養グループから1種類を食べさせる際の目安量です。同じグループから2つ以上組み合わせるときは、半量にするなど調整が必要になります。

しらす 15g
塩分が多いので熱湯をかけて塩抜きするのを忘れずに。

プロセスチーズ 12g
手づかみでそのまま食べられ手軽ですが、塩分や脂肪分が少し高めなので少量に。

ツナ 15g
さまざまな料理に使えて保存がきくツナ缶は、ノンオイルで食塩不使用の水煮タイプを選んで。

きゅうり 40g
スティック状に切り、生のまま食べさせても大丈夫。皮が気になる場合はむいてあげて。

×4

豆乳 60ml

パクパク

おかゆに飽きたら そうめんの出番

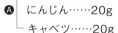
そうめん ＋ にんじん ＋ キャベツ

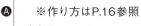
和風だし ＋ オクラ

そうめんチャンプルー

ゆでる、炒める……調理自在のそうめんを使って

材料 2分30秒

- Ⓐ ┌ そうめん……85〜100g
     │ にんじん……20g
     └ キャベツ……20g
- ● 溶きたまご……1/2個分
- ● ごま油・しょうゆ……各少々

作り方
❶ 耐熱容器にⒶを入れて水(大さじ1)を振ってレンジで2分30秒加熱する。
❷ フライパンにごま油を熱し、溶きたまごを炒め、❶としょうゆを入れ味を調える。

わかめとオクラのみそ汁

レンチンで即席みそ汁の完成

材料 2分〜

- Ⓐ ┌ 和風だし……大さじ3
     │ ※作り方はP.16参照
     └ オクラ……10g
- ● 乾燥わかめ……1g
- ● みそ……少々

作り方
❶ わかめは水で戻して1cm幅に切る。
❷ 耐熱容器に❶とⒶを入れ、レンジで2分〜加熱する。
❸ ❷にみそを溶き入れる。

パクパク

だんだん食べる量も増えてきた！

 食パン ＋ トマトソース

 かぼちゃ ＋ 洋風だし

トマトソースピザ

食パンはそのまま耳までOK

材料 🔲1分
食パン……1枚
トマトソース……大さじ2
　※作り方はP.18参照
●スライスチーズ……1/2枚

作り方
❶食パンは手づかみ食べしやすい大きさに切る。
❷トマトソースをレンジで1分加熱する。
❸❶に❷をのせてスライスチーズをちぎってのせ、トースターで約3分焼く。

かぼちゃのポタージュ

かぼちゃの甘みでおいしく飲める

材料 🔲2分〜
かぼちゃ……20g
洋風だし……大さじ3
　※作り方はP.17参照
●牛乳……大さじ2

作り方
❶耐熱容器に材料を入れてレンジで2分〜加熱し、フォークで滑らかになるまで混ぜる。

パクパク

カフェ気分で
楽しくおしゃれに♪

軟飯 + トマトソース + 牛・豚肉 + キャベツ

タコライス

栄養満点のワンプレートレシピ

材料
軟飯……90g
Ⓐ ┌ トマトソース……大さじ2
　　※作り方はP.18参照
　　牛または豚薄切り肉……20g
　└ キャベツ……30g
● ケチャップ・粉チーズ・青のり……各少々

4分〜

作り方
❶ 軟飯に水（小さじ1）を振ってレンジで2分加熱する。
❷ 耐熱容器にⒶを並べ、水（小さじ2）を振ってレンジで2分〜加熱する。
❸ 薄切り肉はケチャップで味つけする。
❹ ❶にキャベツを盛り、その上にトマトソース、❸をのせ、粉チーズと青のりをトッピングする。

MEMO カミカミ期以降であれば、薄切り肉は牛・豚どちらでも食べられます

パクパク

うどんも手づかみしちゃう?

手づかみでパクパク

うどん ＋ 小松菜 ＋ にんじん ＋ 牛肉

さつまいも

焼きうどん

野菜とお肉を一緒に食べよう

材料 〔2分〕
- A ┌ うどん……105〜130g
  │ 小松菜、にんじん、牛薄切り肉
  └ ……各20g
- ●ごま油・しょうゆ・かつお節……各少々

作り方
1. 耐熱容器にAを入れ、水(大さじ1)を振ってレンジで2分加熱する。
2. フライパンにごま油を熱し、❶を入れて炒め、かつお節としょうゆで味を調える。

スイートポテト

さつまいもの自然の甘みがおいしい

材料 〔40秒〕
- さつまいも……30g
- ●砂糖・黒いりごま……各少々

作り方
1. さつまいもに水(小さじ1)を振ってレンジで40秒加熱する。
2. ❶に砂糖を混ぜて2等分し、ラップで包んで小判型にする。
3. 黒いりごまをトッピングする。

パクパク

食べやすい大きさにカットして

キャベツ + 和風だし + 豚肉

りんご + じゃがいも

お好み焼き

お好みの具材を混ぜて焼くだけ

材料 （2分）
- Ⓐ キャベツ……20g
  和風だし……大さじ2　豚薄切り肉……15g
- ● 小麦粉……大さじ3
- ● かつお節、青のり、ケチャップ……各少々

作り方
1. 耐熱容器にⒶを入れ、水(大さじ1)を振ってレンジで2分加熱する。
2. ボウルに❶と小麦粉、かつお節を入れて混ぜフライパンで両面焼く。食べやすく切り青のりとケチャップをトッピングする。

フルーツサラダ

おかずにもおやつにもなるレシピ

材料 （1分）
- Ⓐ りんご……20g
  じゃがいも……20g
- Ⓑ ヨーグルト……大さじ1
  マヨネーズ、レモン汁……各少々

作り方
1. 耐熱容器にⒶを入れ、水(小さじ2)を振ってレンジで1分加熱する。
2. ❶にⒷを混ぜて味を調える。

見た目もかわいくて食欲アップ

軟飯 + 鮭

じゃがいも + 玉ねぎ + 洋風だし

鮭ごはんおにぎり

目からうろこのラップ術おにぎり

材料 [2分]
- A ┌ 軟飯……90g
  └ 鮭……15g
- かつお節……少々

作り方
1. Aに水（小さじ2）を振ってレンジで2分加熱する。
2. ①とかつお節を和え、長めに切ったラップに5等分にのせ、それぞれキャンディーのように小さなおにぎりの形に整えて間のラップをひねる。

こどもビシソワーズ

かぜ予防にもなるパワースープ

材料 [2分〜]
- じゃがいも……20g
- 玉ねぎ……40g
- 洋風だし……大さじ2
  ※作り方はP.17参照
- 牛乳……大さじ2

作り方
1. 耐熱容器に材料を入れてレンジで2分〜加熱し、フォークで滑らかになるまで混ぜる。

パクパク

手で持ちやすく食べやすい

ご飯 + ツナ

ほうれん草 + にんじん + 和風だし

ツナ巻きずし

具材を変えればアレンジ自在

材料　2分40秒
ご飯……80g
ツナ缶……20g
● きゅうり（スティック状）……20g
● マヨネーズ……少々　● 海苔……全型1/2枚

作り方
❶ご飯に水（大さじ1）を振りレンジで2分加熱。
❷ツナに水（小さじ1）を振ってレンジで40秒加熱。粗熱を取ってマヨネーズを混ぜる。
❸のりは半分に切り、❶の半量を薄くのばしてきゅうりと❷をのせて巻き、切る。

ほうれん草とにんじんのごま和え

緑黄色野菜でパワーチャージ

材料　1分
Ⓐ ┌ ほうれん草、にんじん
　　　……各10g
　　 和風だし……大さじ1
　　└ ※作り方はP.16参照
● すり白ごま・しょうゆ……各少々

作り方
❶耐熱容器にⒶを入れてレンジで1分加熱する。
❷すり白ごまとしょうゆで味を調える。

パクパク

column 3 あっという間に！ 1歳おめでとう

「1歳の誕生日ケーキ、どうしようかな？ まだ生クリームやチョコレートは食べられないし……」ということで、水切りヨーグルト、手作りたまごボーロでかわいく作りました。

Birthday Cake

Egg bolo

旬のくだもので
デコ★バースデーケーキ

材料
- プレーンヨーグルト…… 1パック(400ml)
- 食パン(8枚切り)…… 3枚
- くだもの(さくらんぼ、キウイ、バナナ、ブルーベリー)……適量
- 手作りたまごボーロ……適量

作り方
1. ヨーグルトをザルにあけて水切りする。
2. 食パンをセルクルなどで丸形に3枚くり抜く。
3. ❷に❶をぬり、スライスしたバナナ、キウイをのせて3枚重ね、表面にも❶をぬる。
4. 残りのくだものとたまごボーロでデコレーションする。

手作りたまごボーロ

材料(約60個分)
- 卵黄…… 2個分
- 砂糖……40g
- 片栗粉…… 170g
- 無調整豆乳……大さじ2

作り方
1. ボウルに卵黄、砂糖を入れて泡立て器で混ぜ合わせる。
2. ❶に片栗粉を加え、さらに混ぜ、豆乳を加えてひとまとめにする。
3. 手で小さく丸め、低温(160度)のオーブンで20分間焼く。

MEMO 切り抜いて余ったパンはグラタンなどにアレンジしてママが食べてくださいね♥

パクパク

離乳食のギモン
ママたちのお悩みQ&A

私が日々更新しているブログに寄せられた、離乳食に関するママたちのお悩みです。一難去ってまた一難。月齢ステージごとに悩むことも変わってきますが、必ず乗り越えられるはずです。

Q これから離乳食を開始します。調理器具は買い揃えましたが、冷凍保存する小分けの容器がまだ準備できていません。どれくらいの容量でいくつくらいあればいいですか？（5カ月）

A 私は<mark>30ml入るブロックトレー（P.21参照）を3個、50ml入るものを2個</mark>購入しました。他に、もともと100mlの小分けカップを幾つか持っていたので併用していました。冷凍して固まったら保存袋に移すので、これくらいあれば十分です。後期になって食べる量が増えても組み合わせて使えますよ。

Q たまごアレルギーが気になります。（6カ月）

A <mark>たんぱく質が豊富で栄養価の高いたまごは、7～8カ月ごろからOK</mark>です。たまごの主なアレルゲンは、卵黄ではなく卵白にあります。消化しにくい卵白のほうがアレルギー反応が出やすいといわれています。まずは、卵黄から少しずつ、かためのゆでたまごから食べさせます。卵白は卵黄に慣れた9～11カ月ごろからにしましょう。

はじめてたまごを食べさせるときは、何かあったときに病院で診察してもらいやすい平日の午前中に。たまごに限らず、アレルギー反応の出やすい食材は何を食べて反応が出たか分かるように1日1種類にしてください。

Q 最近、急に食べなくなってしまいました。スプーンを持ってぶんぶん、おかゆはブーッと吐き出します。どうしたらよいのか悩むところです。（7カ月）

A 離乳食を始めて3カ月目のころに、私の娘も突然、拒みました。半分以上残ってるのに口を一文字に。昨日まであんなにパクパク食べていたのに!?と、ショックでしたが、「大人でも、日によって食欲は違うし」と気持ちを切り替えました。<mark>あまり深く考え込まずにゆったり構えましょう。</mark>私の場合、離乳食のステージを戻すこともしました。モグモグ期ならゴックン期へ、パクパク期ならカミカミ期へ、食べ慣れた献立にしてあげるのも効果的ですよ。

あと、家族で食卓を一緒に囲むのもおすすめです。ニコニコと私たちが食べている姿を見て、さっきまで食べなかったのにパクパク食べだすことがありました。ママとパパが楽しんでいると、赤ちゃんも楽しくなるんですね♥

離乳食を食べない理由は……。
- おなかがまだ空いていない
- 母乳やミルクが好きで離乳食にまだ興味がない
- かたさが月齢に合っていない
- とろみがなくて食べにくい
- 同じメニューで飽きた
- 食器やスプーンに飽きた
- 椅子が合わない

Q 離乳食がなかなか進みません。（8カ月）

A これは、誰もが通る道ですね。離乳食は「食事に慣れる練習時期」。食べるだけが目的ではなく、スプーンを使うことに慣れたり、新しい味覚を育てる時期です。不思議なことに、焦れば焦るほど食べなくなります。ママの気持ちが赤ちゃんに伝わります。

食材のかたさ・大きさはあくまでも目安です。なかなか進まないときは、もう少しやわらかくしたり、すりつぶしてみたり、のど越しに注意してあげるなど、月齢にとらわれず、赤ちゃんに合わせて少しずつ進めてみてください。もし、食べなくても毎日決まった時間に、椅子に座らせて「食事の時間だよ」とお知らせすることだけでも続けてみてください。

Q 離乳食の準備中、少しでも離れると泣いて泣いて、毎回おんぶしながら作っています。子どもが機嫌よく待っていられる遊ばせ方はないですか？（10カ月）

A この時期は後追いもするし、大変ですよね。私の場合は、娘が寝たら、即キッチンへ。その間に料理を作っています。起きてしまったら、見える位置でキッチンボウルやプラスチック製のお皿で遊ばせたり、どうしてもぐずるときは中断したり、おんぶして作るときもあります。

仕事は夜、子どもがぐっすり寝ている間にしています。いまはとにかく赤ちゃんの行動に合わせて動いています。離乳食作りの時間を短縮して、お子さんとの時間を大切にするためにも、この本をぜひ活用してくださいね。

Q 最近、お米を食べなくなりました。野菜や果物、おやきなどはよく食べるし、パンやヨーグルトは大好きなんですが。おにぎりや味付きのご飯にもチャレンジしてみましたが拒否。主食のお米をどうしても食べてほしいのですが、よい方法はないですか？（11カ月）

A わかります、その気持ち……。「なんで食べてくれないんだ〜〜」とこっちが泣きそうになりますよね（いや、泣きました）。私の場合は、離乳食のステージを戻してあげると効果がありました。「食べないな…」と思ったら、軟飯に水分を加えてレンジで加熱、冷ましてから与えます。必要であればすりつぶしてあげると食べてくれます。おかゆに戻して様子をみてあげてください。

森崎友紀の離乳食DIARY

私が実際に作った離乳食で娘が大好きだったものを紹介します。すべてのメニューで冷凍やレンチンを活用しています。ブログでは、詳しいレシピや最近の献立などを毎日更新しているので、ぜひ参考にしてください。

献立はもちろん、スプーンや食器も同じだと飽きるみたい。意外に使えるのが、エスプレッソ用カップ＆ソーサー。離乳食にちょうどいい大きさなので、こんな感じで盛り付けました。

ゴックン ハートのトマトがゆとりんごの豆乳ポタージュ

親子で一緒に楽しめるおやつはたくさん作りました。毎日時間に追われていてもおいしいおやつを食べれば元気になれます。りんごをダイスカットして食べやすくしています。

モグモグ りんごヨーグルト＆タルトタタン風パウンド

冷凍ストックを使って簡単にできるドリアです。使える食材の幅が広がり、ママもコツをつかんで段取りもよくなります。今までの苦労が嘘みたいに楽しくなってきました。

カミカミ トマトビーフドリアといちごヨーグルト

たんぱく質、ビタミンD、DHAなどが含まれていて栄養価も高い鮭。塩分の少ない生鮭を選び下ごしらえして冷凍。娘は毎回喜んで鮭メニューを完食してくれていました。

カミカミ 鮭とじゃがいものクリームシチュー

白身魚はパサつくので、あんかけにして食べさせると食が進みます。野菜は3種類入れて彩りよくしました。大人が食べるお刺身から取り分ければ、下処理も不要でラクラクです。

パクパク 白身魚の3色あんかけ

MESSAGE

私自身も、離乳食を開始したころは、「せっかくがんばって作ったのに……」とイライラしたこともありました。でも、冷凍&レンチンを活用するようになってからは、時間と心に少しゆとりもでき、おいしそうな顔で離乳食を食べる娘を見て、にっこりできるようになりました。娘の成長とともに、私もママとして少しずつ成長できた気がします。そんな実体験を振り返りながらレシピを考えました。この本が、離乳食のお悩み解決のヒントになれば嬉しいです。忙しいママたちへ、がんばりすぎないで離乳食作りに取り組んでください！　そして、ママたちの笑顔が増えれば本当に嬉しいです♥

食材&ステージ別 INDEX

- ● ゴックン期…5〜6カ月ごろ
- ● モグモグ期…7〜8カ月ごろ
- ● カミカミ期…9〜11カ月ごろ
- ● パクパク期…12〜18カ月ごろ

炭水化物

米
- ● 10倍がゆ……14
- ● はじめてのおかゆ……34
- ● にんじんおかゆ……35
- ● きなこおかゆ……36
- ● しらす丼……37
- ● ハーフバースデーのだんだんケーキ……41
- ● 青のり飯……44
- ● トマトリゾット……45
- ● ねばねば丼……47
- ● 鮭のおじや……49
- ● おかゆおばけ……51
- ● 5倍がゆ……14、54
- ● いもがゆ……57
- ● ドリア……58
- ● 海苔サンド……59
- ● タコライス……68
- ● 鮭ごはんおにぎり……71
- ● ツナ巻きずし……72

食パン
- ● イタリアンパンがゆ……38
- ● かぼちゃのパンプディング……56
- ● フレンチトースト……61
- ● トマトソースピザ……67
- ● デコ★バースデーケーキ……73

うどん
- ● 煮込みうどん……46
- ● ささみのあんかけうどん……55
- ● 焼きうどん……69

そうめん
- ● そうめんチャンプルー……66

パスタ
- ● トマトソースパスタ……60

里いも
- ● 里いものおやき……49

さつまいも
- ● さつまいもとほうれん草のきんとん……40
- ● いもがゆ……57
- ● スイートポテト……69

じゃがいも
- ● りんごのポテトサラダ……39
- ● 肉じゃが……59
- ● フルーツサラダ……70
- ● こどもビシソワーズ……71

たんぱく質

豆腐
- ● トロトロ豆腐……35
- ● 小松菜の白和え……57
- ● もっちり豆腐パンケーキ……62

納豆
- ● ねばねば丼……47

豆乳
- 豆乳ホワイトソース……18
- ● イタリアンパンがゆ……38
- ● キャベツのポタージュ……39
- ● ドリア……58
- ● りんごのポタージュ……40
- ● フレンチトースト……61
- ● 手作りたまごボーロ……73

きなこ
- ● きなこおかゆ……36

たまご
- ● かぼちゃのパンプディング……56
- ● フレンチトースト……61
- ● フルーツベジパンケーキ……63
- ● ベジタブルマフィン……63
- ● そうめんチャンプルー……66
- ● 手作りたまごボーロ……73

牛乳
- ● ベジタブルマフィン……63
- ● かぼちゃのポタージュ……67
- ● こどもビシソワーズ……71

粉ミルク
- ● もっちり豆腐パンケーキ……62

ヨーグルト
- ● りんごコンポートのせヨーグルト……46
- ● デコ★バースデーケーキ……73

チーズ
- ● にんじんのカッテージチーズ和え……44
- ● ほうれん草のチーズ煮……45
- ● にんじんとほうれん草のとろみスープ……49
- ● ドリア……58
- ● ブロッコリーのチーズ和え……60
- ● トマトソースピザ……67
- ● タコライス……68

かつお節
- かつおと昆布の和風だし……16
- コップだし……17
- レンジだし……17
- ● 焼きうどん……69
- ● お好み焼き……70
- ● 鮭ごはんおにぎり……71

鮭
- ● 鮭のおじや……49
- ● 鮭ごはんおにぎり……71

白身魚
- ● 煮込みうどん……46

しらす
- ● しらす丼……37
- ● キャベツとしらすのうま煮……47

ツナ缶
- ● ツナ巻きずし……72

鶏ささみ
- ● ささみのあんかけうどん……55

鶏ひき肉
- ●かぼちゃと玉ねぎのそぼろあん……54
- ●ドリア……58
- ●肉じゃが……59

薄切り肉（牛・豚）
- ●タコライス……68
- ●お好み焼き……70

ビタミン・ミネラル

オクラ
- ●ねばねば丼……47
- ●わかめとオクラのみそ汁……66

かぶ
- ●万能ベジタブルスープ……50

かぼちゃ
- ●かぼちゃのトロトロ……36
- ●ハーフバースデーのだんだんケーキ……41
- ●パンプキンポタージュ……51
- ●かぼちゃと玉ねぎのそぼろあん……54
- ●かぼちゃのパンプディング……56
- ●かぼちゃの茶巾絞り……58
- ●かぼちゃのポタージュ……67

キャベツ
- ●イタリアンパンがゆ……38
- ●キャベツのポタージュ……39
- ●キャベツとしらすのうま煮……47
- ●万能ベジタブルスープ……50
- ●ベジコンソメスープ……61
- ●フルーツベジパンケーキ……63
- ●ベジタブルマフィン……63
- ●そうめんチャンプルー……66
- ●タコライス……68
- ●お好み焼き……70

きゅうり
- ●ツナ巻きずし……72

小松菜
- ●しらす丼……37
- ●小松菜の白和え……57
- ●フルーツベジパンケーキ……63
- ●ベジタブルマフィン……63
- ●焼きうどん……69

さやいんげん
- ●ささみのあんかけうどん……55
- ●肉じゃが……59
- ●トマトソースパスタ……60

大根
- 野菜スープだし……17

玉ねぎ
- 野菜スープだし……17
- トマトソース……18
- ●万能ベジタブルスープ……50
- ●かぼちゃと玉ねぎのそぼろあん……54
- ●ささみのあんかけうどん……55
- ●肉じゃが……59
- ●こどもビシソワーズ……71

トマト
- トマトソース……18
- ●トマトのトロトロ……37
- ●イタリアンパンがゆ……38
- ●トマトリゾット……45
- ●ドリア……58
- ●トマトソースパスタ……60
- ●トマトソースピザ……67
- ●タコライス……68

にんじん
- 野菜スープだし……17
- ●にんじんトロトロ……34
- ●にんじんおかゆ……35
- ●ハーフバースデーのだんだんケーキ……41
- ●にんじんのカッテージチーズ和え……44
- ●にんじんとほうれん草のとろみスープ……49
- ●万能ベジタブルスープ……50
- ●ささみのあんかけうどん……55
- ●フルーツベジパンケーキ……63
- ●ベジタブルマフィン……63
- ●そうめんチャンプルー……66
- ●焼きうどん……69
- ●ほうれん草とにんじんのごま和え……72

ピーマン
- トマトソース……18

ブロッコリー
- 野菜スープだし……17
- ●万能ベジタブルスープ……50
- ●ブロッコリーのチーズ和え……60

ほうれん草
- ●さつまいもとほうれん草のきんとん……40
- ●ハーフバースデーのだんだんケーキ……41
- ●ほうれん草のチーズ煮……45
- ●煮込みうどん……46
- ●にんじんとほうれん草のとろみスープ……49
- ●ほうれん草とにんじんのごま和え……72

りんご
- ●りんごのポテトサラダ……39
- ●りんごのポタージュ……40
- ●りんごコンポートのせヨーグルト……46
- ●りんごのホットケーキ……62
- ●フルーツサラダ……70

昆布
- 昆布だし……16
- かつおと昆布の和風だし……16
- レンジだし……17

青のり
- ●青のり飯……44
- ●ドリア……58
- ●トマトソースパスタ……60
- ●タコライス……68
- ●お好み焼き……70

海苔
- ●海苔サンド……59
- ●ツナ巻きずし……72

乾燥わかめ
- ●わかめとオクラのみそ汁……66

著者紹介

森崎友紀（もりさき ゆき）

管理栄養士・製菓衛生師・中医薬膳指導員・チャイルドマインダーの知識、経験を生かし、初心者でも楽しめる「世界の料理」「アンチエイジング」「ダイエット」「離乳食」「マタニティ・授乳期」の簡単レシピを考案。身近な食材でお洒落でヘルシーな食卓を演出。1児の母。各種イベントの講師、メニュー開発、各種メディアで料理研究家として活動中。ブログは毎日更新中。日々の生活から簡単レシピまで、たくさん紹介しています。

オフィシャルウェブサイト
http://morisaki-yuki.amebaownd.com

オフィシャルブログ「Unity Magenta Blog」
http://ameblo.jp/morisaki-yuki/

STAFF

料理	森崎友紀
デザイン	大森由美
写真	有光浩治
編集	辻田久実乃・RAIRA
営業	斉藤弘光・原田聖也・小出志歩

SPECIAL THANKS

撮影協力（50音順）
旭化成ホームプロダクツ株式会社
シマダヤ株式会社（本うどん食塩ゼロ 画像提供〈P.23〉）
株式会社リッチェル
象印マホービン株式会社（圧力IH炊飯ジャー 画像提供〈P.15〉）
株式会社日清製粉グループ本社

＼ママ／
がんばらないで離乳食
手間をかけずに愛情たっぷり

2018年2月20日　初版第1刷発行
2021年5月25日　初版第3刷発行

著者　　森崎友紀
発行者　佐野 裕
発行所　トランスワールドジャパン株式会社
　　　　〒150-0001
　　　　東京都渋谷区神宮前6-25-8 神宮前コーポラス1401
　　　　Tel.03-5778-8599 ／ Fax.03-5778-8590
　　　　http://www.transworldjapan.co.jp

印刷・製本　中央精版印刷株式会社
Printed in Japan
©Yuki Morisaki, Transworld Japan Inc.2018
ISBN 978-4-86256-226-5

◎定価はカバーに表示されています。
◎本書の全部または一部を著作権法上の範囲を超えて無断で複写、複製、転載、あるいはファイルに落とすことを禁じます。
◎乱丁・落丁本は、弊社出版営業部までお送りください。送料当社負担にてお取り替えいたします。